平凡社新書
455

青年ヒトラー

大澤武男
Ōsawa Takeo

HEIBONSHA

青年ヒトラー●目次

プロローグ

二〇〇九年四月は、人類史上に消えることのない汚点を残したアドルフ・ヒトラー（一八八九—一九四五）の生誕百二十年の年に当たる。

生か死かをかけた妥協のない全面戦争で、壊滅的な敗北に陥ったヒトラーが、自殺してから六十年以上を経た今日のヨーロッパやドイツでも、なお毎日のようにヒトラー・ナチスと何らかの関係ある報道が流されているのを思うにつけ、ナチズムの残した傷跡の深さを知るのである。

そして、強力な指導者原理の上に立つヒトラー総統のもとにあったナチスが、第二次世界大戦中に犯した犯罪が全世界に与えたショックにも計り知れないものがあった。

世界各地で、事あるごとに、ナチスの戦争犯罪が今なおくり返し議論されるのを見聞するにつけ、このテーマとそれが残した衝撃が、まだ依然として克服されていないことを痛感するのである。

「ある人種、ユダヤ人」というレッテルを貼られた数百万の人々が、老若男女の見さかいなく、国家権力動員のもとに計画的、組織的、行政的に、しかも長期にわたり徹底して虐殺され、絶滅が目標とされるという、前代未聞で弁解の余地のない、狂気の犯罪が犯されたのであった。

この想像を絶する異常な犯罪は、歴史的必然ではなく、アドルフ・ヒトラーという個人にその決定的な源を発しているのである。

筆者はヒトラーなくして、あのような悲劇には至らなかったであろうと確信している。わたしはかつてこのテーマを追求したことがあったが、それにより、そう信ずるに至ったのである（拙著『ヒトラーとユダヤ人』）。

ヒトラーが党首であったナチ党（NSDAP）は、たしかに「反ユダヤ主義」を掲げてはいたが、この党の綱領である反ユダヤ主義は、決して「ユダヤ人の絶滅」を意図しているものではなかった。「絶滅」という理念とその具体策は、総統としてのヒトラー個人の政策として打ち出されていったものなのである（少なくとも意向、指示、命令として）。

青年ヒトラーが極右政治活動に突入し、ナチ党の党首になった時（一九二一年七月）、すでに三十二歳の彼が、「ユダヤ人は死に値する」、「ユダヤ人とは時至れば、徹底的に対決する」という確固とした信念を持っていたことは、意外と知られていない。

アドルフ・ヒトラー個人のこの考えは、その後政権を握り、独裁者として生死をかけた総力戦争を決行し、大敗を喫して自らの生命を絶つまで、決して変ることはなかった。事実、ユダヤ人の虐殺は、彼自身が大戦開始を前に予言したように（一九三九年一月の帝国議会における演説）、ポーランド侵入によりはじまり、着々と進行して、アウシュヴィッツに至るのである。絶滅収容所が稼動する前に、すでにポーランドやロシアなどの東欧占領地域では、百万人に近いユダヤ人がナチスの手で殺害（大部分は射殺）されていたという事実から、青年期以後のヒトラーの対ユダヤ人理念がいかに冷酷、着実に実行されていたかを知るのである。

以上のような考えをめぐらす時、アドルフ・ヒトラーの誕生百二十年を迎えるに当たり、いま一度あらためてこの人物の出生と、少年時代から青年期に至る精神、人格形成について考察、分析し、回顧してみることの意義は大きいといえよう。

いかにして若者アドルフが、全世界をショックのどん底に陥れるような恐ろしい憎悪と偏見の世界観の持ち主になっていったのであろうか。

本書では百二十年前に遡ってこの若者の足跡を辿ってみたい。そうすることにより、いまだに知られていないこの人物のいろいろな側面を明らかにすることができると思われるからである。

第一章　生いたちの記、気ままな少年時代

青少年時代の若者アドルフ・ヒトラーを、ヒトラーという姓で呼ぶよりも、アドルフという個人名（フォアナーメ）で呼んだ方が、何となく親近感があり、その本人を身近に感じることができる。

わたしの居住するドイツのみならず、日本の現代の若者達もお互いに個人名で呼びあっていることが多いのではなかろうか。

したがって、本書でも以下においては、アドルフ・ヒトラーをアドルフと呼称したい。読者の皆さんにも、若者ヒトラーを客観的な距離のある人物としてではなく、アドルフとして身近に感じとってもらいたいからである。

さて、やさしい母に可愛がられ、幸せな毎日を送り、成績優秀、何のわずらいもないガキ大将として遊びまわり、また自信に満ちた夢見る少年として育ったアドルフの生いたちの記はどんなものだったのであろうか。

自信あふれる少年

アドルフ・ヒトラーの由来、家系はさておき、彼の少年時代の様子を最もよく伝えてい

1899年夏、小学４年の終わり頃のクラス写真（矢印がヒトラー。矢印部分の拡大は下）

ると思われる象徴的な写真が一枚残されている。まずこの写真を考察することから、アドルフの少年時代に入ってゆきたい。

上の写真は彼が小学校（フォルクスシューレ）四年生の時のものである。写真最前列の男子が表札で示しているように、この写真は一八九九年のもので、四年生（ローマ字で四＝Ⅳと書かれている）の時のものである。

アドルフは一八九八年秋からすでに四年生だったわけであるから、この写真はその翌年に四年生を終わる頃、つまり一八九九年の春から夏にかけて写したものにちがいなかろう。アドルフの誕生日は一八八九年四月二十日であるから、この写真の彼は満十歳であった。

さて、四十五名の男子生徒と担任教師の写真の中のどの少年がアドルフだろうか。きちんとした服装をして、最も自信にあふれる顔をしている少年がその本人だ。

読者の皆さんもすでにおわかりであろう。すなわち、最後列、最上段の真ん中で他の子供達よりも立派ないで立ちでうでを組み、自信満々といった顔をしているのが十歳のアドルフである。

当時、彼が在籍した小学校は、オーストリア、ドナウ川沿いの都市、リンツから四キロほど西南の小さな町、レオンディングであった。アドルフが通学したレオンディング小学校の建物は、現在でも残されている。しかし、すでに学校としては、使用されていないことをわたしは実地調査で確認している。

一八九九年当時のアドルフは、学校生活においてきわめて成績もよく、最も自信にあふれていた時期であった。

アドルフが通ったレオンディング小学校

「学校の勉強はこっけいなほどやさしかったので、わたしには暇な時間がうんとあった。そこでわたしは、へやの中にいるよりも戸外にいるときの方が多かった」と、アドルフ自身当時を回想している（『わが闘争』上、A・ヒトラー著、平野一郎・将積茂訳、二八―二九頁。ドイツ語版、一九三五年、一四三―一四四版、六頁。以下においては『わが闘争』上の和訳テキストを主に用いる。ただし筆者が訳した場合のみ、ドイツ語版の頁を記す）。

また、「戸外でのバカ騒ぎや、学校への回り道や、特に母親を幾度となく心配させるような、とてもたくましい子どもたちとのつき合いは、家に閉じこもっている子どもとは、全くちがったものに私を成長させた。……そ

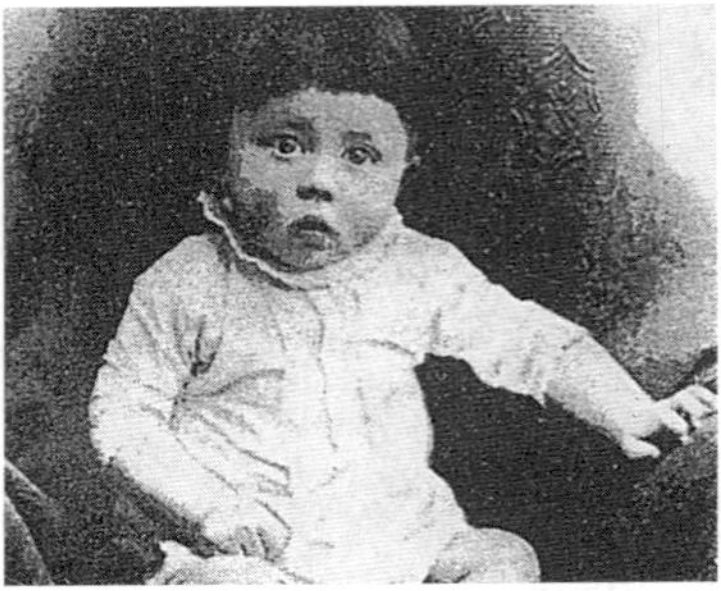
幼児期のアドルフ（1889年）

の頃、早くも私の弁舌の才能は、多かれ少なかれ仲間の友達との活発な論争によってきたえられていった、と思う」とも、アドルフは当時を回想している（『わが闘争』、ドイツ語版、三頁）。

さしずめ、アドルフは野や森をかけまわって遊びまくる少年達のグループ・リーダー、ガキ大将（レーデルフューラー）だったのである。

彼の自信はまた家庭環境にも裏付けられていた。レオンディングという小さな田舎町で、立派な家に住み、靴職人から出発して田舎の上級官吏にまで出世した誇り高い父親（すでに当時、早期退職をしていた）を持ち、一人息子（二人の兄は夭折《ようせつ》）として母からはこの上なく大切にされていた。そうした余裕のある恵まれた何のわずらいもない生活環境にあったのである。

成績優秀な一人息子のアドルフは、父アロイスの跡を継いで立派な官吏になるべく、父親から期待されていた。

父アロイスは、アドルフが小学校へ入った頃、リンツ市の西南四十キロのラムバッハという町の郊外に、三万八千平方メートルもある土地付の屋敷を買うほどの余裕を持っていた。父はその屋敷を二年後の一八九七年に、ウィーンの貴族に売り渡し、しばらく借家住いをするが、一八九九年二月、アドルフが小学四年生の時、再びレオンディングに立派な家を買った。

田舎の町や村で父が享受していた何がしかの名声、それを裏付けるような風格のある家での生活、母から注がれていた愛情などは、自信にあふれるアドルフの土台、根源となっていた。それに加えて、彼が少年の頃から発揮していた弁舌の才能は、周囲のクラスメイトや遊び仲間を自分のもとに引きつけ、自分の思うように彼らを動かし、したがわせるガキ大将の役割をいつも可能にしていたのである。

少年アドルフは幼いながらに、自分の雄弁が人の心を引きつけ、夢中にさせること、そして自分自身の存在を誇示する上で、この上なく力を発揮するものであることを感じていたのである。

小学四年を終える頃のクラス写真で、友達の真ん中でうでを組み、自信たっぷりのアドルフの姿は、彼がクラスでカリスマ的な存在であったことを窺わせてくれる。自分の正しさを信じて疑わない彼の短気で卒直な弁舌と説得力に、クラスの仲間がそそくさとしたがっていたであろうことが思われる。

幼少期にひ弱な男の子であったアドルフは、小学校時代になって自信満々の成績優秀なわんぱく少年に育ったのである。そこには何ら異常な性格や残忍、冷酷な面は見られなかった。

夢見る少年アドルフ

アドルフが小学二年から三年、そして四年生時代の前半を過ごしたオーストリア、リンツ市の西南にあるドナウ川の支流トラン川沿いの町、ラムバッハへ行くと、バロック様式の立派な門がまえをもったベネディクト大修道院がある。一千年近い伝統を誇る大修道院は、かつて中世においては修道士による写本の作成でその名を知られたところであり、由緒ある壮大な修道院の建物が残されている。文化の一大中心地であった修道院には、多数の写本を所蔵する壮麗なバロック図書館があり、十九世紀以来、修道院付学校が設けられていた。現在は大修道院の敷地と建物に商業専門学校（ハンデルスシューレ）が設けられている。

ミュンヘンの歴史家で、ヒトラー研究の草分けであるW・マーザーは、少年アドルフがこのベネディクト大修道院付属小学校に一八九六年から二年生まで在学し、フランツ・レヒベルガーという担任のもとで学んでいたと述べている（『人間としてのヒトラー』、W・マーザー著、黒川剛訳、五六頁参照）。しかし、わたしが一九九四年の秋、このラムバッハ大修道院を訪れた時、わたしを詳しく案内してくれた修道士ベネディクト・ワインゲルトナー師は、次のように説明してくれた。

「少年ヒトラーがラムバッハの小学校に在籍していた時、修道院付学校は閉鎖中であり、彼が通ったのは町の公立小学校であった」と。そういえば、ヒトラー自身もラムバッハの修道院付学校へ通ったとはいっていない。彼が述べているのは、「私は、ひまな時にラムバッハ修道院の男性聖歌隊（コアー・ヘルンシュティフト）で声楽の練習をしていた」と述べているだけである（『わが闘争』、ドイツ語版、三―四頁）。

しかも歴史家W・マーザーは、少年アドルフが度々聖歌隊コーラスに参加していたので、「ラムバッハでは誰でも知っているハーグンという大修道院長の話もよく耳にしていた。この院長の紋章と指環にはハーケンクロイツ（鉤十字）が描いてあり、説教壇にもそれが彫りこんであった」（『人間としてのヒトラー』、五六頁）と述べているが、これは少しゆき過ぎた推測であろう。だいいち、少年アドルフが大修道院にコーラスの練習で出入りしていた時、ハーケンクロイツの紋章を持っていた大修道院長テオデリヒ・ハーグンは、すでに二十六年も前に死去（一八七二年）した人物であり、そんな前に世を去っていた大修道院長の名を、八、九歳の少年が度々耳にし、しかもその紋章のハーケンクロイツにまで気づいていたなどとは思われない。アドルフ自身、この大修道院長についてただの一度も触れていないからである。

『わが闘争』を和訳した平野一郎、将積茂の両者も、アドルフのラムバッハ時代の大修道院長がハーグンであったと、単純な間違いをしている（上、五二七頁訳注7）。

鉤十字の紋章を持つハーグンは、一八五八年から七二年までラムバッハの大修道院長だったのである。わたしはこの修道院付教会の香部屋（サクリスタイ。ミサ聖祭、典礼の用具、祭服などが保管されている教会祭壇脇の部屋）に案内され、入った時、内側のドア上方の壁にハーグン大修道院長の紋章、ミトラ冠のもとに彼のイニシャルT・Hの入った鉤十字がつけられているのを自分の目で見ている。

さて、歴史家W・マーザーのゆき過ぎた憶測と事実誤認はともかく、確実なことは、少年アドルフがラムバッハ大修道院の男性聖歌隊コーラスに参加していたということであり、しかし、十歳にもなっていない少年が、二十五年も前に亡くなっていた大修道院長とその紋章を意識して知っていたということは考えられない。

だが、ラムバッハ大修道院は、少年アドルフが感動していたように、初期バロック様式の絢爛豪華で荘厳な雰囲気が漂う大聖堂である。後部上方の立派な聖歌隊席も、アドルフ

ラムバッハ大修道院の聖堂聖歌隊席

の時代そのままの姿で残されている。

ヒトラーの研究者として名のあるヨアヒム・フェストは、アドルフがそこの聖歌隊コーラスに参加していたということから、この年頃の少年が一般にそうであったように、司祭が立てるミサ聖祭の手伝いをする侍者をしていたと伝えている。当時カトリックの家庭の少年が、初聖体（エアステ・コンムニオン）を受けた後、教会のミサ典礼で祭壇の神父に仕える侍者をするのは、ごく普通な慣例であったことからすれば、アドルフも侍者として祭壇に奉仕していたであろうことは十分うなずける。

聖堂後方の上階、聖歌隊席から見るバロック様式の教会は、金箔をふんだんに使った彫刻や聖画像で飾られたきらびやかな聖堂内部の様子が一望に見わたせるのであり、少年アドルフは、この荘厳な大修道院の雰囲気を大いに味わい、陶酔したのである。また侍者として仕えた祭壇は、教会内で最も聖なる領域であり、そこで得た聖なる厳かな感覚は、アドルフにしばしば深い感動を与えたのであった。

自信に満ち、優越感たっぷりで子どもながらに最高のものを求めていた彼が、自分をしばしば陶酔させる壮大な大修道院の長になることを夢見ていたとしても何ら不思議ではない。そこには現実から遊離した遠大なるものに憧れるアドルフの性格がすでに現われていた。

時折、彼が見た大修道院長の胸にかけられていた大きな金箔の十字架は、この人物のカリスマ的雰囲気をこの上なく高めていたため、アドルフにとって大修道院長になることが、到達しうる最高の理想とさえ思えたのであった。そうした大修道院長になろうというアドルフの夢は、まもなく過ぎ去っていったとはいえ、彼の自信に満ちた鼻高々の性格と雄弁は、人並みを超越した、カリスマ的存在でありたいと思う欲求をひらめかせたのである。

アドルフの父アロイス

私生児の父アロイス

アドルフの父アロイス・ヒトラー（一八三七―一九〇三）は私生児であった。アドルフの祖母マリア・アンナ・シックルグルーバーが四十二歳で息子のアロイスを生み、それからまもなく乳児アロイスがカトリックの幼児洗礼を受けた時、彼女は生んだ息子アロイスの父親の名を明らかにしようとしなかった。そのため、アロイスは後年改名してヒトラーと名のるまで、ずっと母親の姓シックルグルーバーを名のっていたのである。

私生児アロイスの父親、つまりアドルフの祖父が誰であるか明らかでなかったため、アドルフの祖父をめぐっていろいろな詮索がなされていた。

アロイスの母、マリア・アンナ・シックルグルーバーの相手の男が誰であるかが問題にされたのは、後々アドルフが政治活動で有名になり、反ユダヤ主義を掲げたナチ党の党首になった時、アドルフの祖父はもしかしたらユダヤ人だったのではないか、といううわさや憶測がなされ、祖父のユダヤ人説なども生まれたのであった。

もし、アドルフ・ヒトラーの祖父がユダヤ人であるとすれば、その孫にあたる彼はナチ党の綱領によるとユダヤ系ということになり、アドルフはナチ党から締め出されてしまうことになるのである。

アドルフ・ヒトラー自身、自分の父方の祖父が誰であるかを知ることなく生涯を終えたのであった。彼の祖父がユダヤ人でないことは、第二次大戦後、W・マーザーをはじめとする幾人もの歴史家の研究により、はじめて明らかにされたのである。

父が私生児であることや、「自分の祖父がもしかしたらユダヤ人かも知れない」という不安から、アドルフは父親や親族、自分の家系などについて語ることを極度にきらい、それに触れることを避けていた。自分の過去をできるだけもみ消すようにしたのである。例えば、一九三八年三月、ヒトラーによるオーストリア併合直後、彼が在籍したリンツの実科学校はゲシュタポの捜査を受け、アドルフに関する学校関係書類は全て没収されたのであった。

農民の息子である父アロイスは、小学校を出るとウィーンへ出て靴職人の仕事を身につけたが、十八歳の時、心機一転して公職に就き、持ち前の能力と勤勉さを認められて、低い学歴にもかかわらず、次々と昇進し、田舎の上級官吏にまで出世した人物であった。三十九歳で立派な役人としての地位を築いたアロイス・シックルグルーバーは、改名してヒトラーの姓を名のるまで、ずっと母の姓シックルグルーバーを名のっていたのである。

アドルフの祖母シックルグルーバーは一八四二年に結婚して以来、夫のヨハン・ゲオルグの姓であるヒードラーを名のっていた。そこで息子のアロイスは出世した役人として改名した時、ヒードラーの姓を少し変更してヒトラーという姓に改名したのであった。

アドルフの父アロイス・ヒトラーは三人の妻を持ったが、その三人目の妻がアドルフの母となるクララ・ペルッル（旧姓）であった。二人目の妻フランチスカが二十五歳の時、肺結核で死ぬと、アロイスはすぐに幼なじみで親戚関係にあり、アロイスの家事手伝いに来ていたクララ・ペルッルを妻としたのであった。しかもアロイスが四十八歳で、二十五歳のクララ・ペルッルと結婚した時、すでにクララはアロイスの子を宿していたのである。

その新妻のクララは、十年間にアロイスの子を六人生んだが、その四番目の子がアドルフであった。アドルフの先に生まれた二人の兄と一人の姉は、一八八七年から八八年にかけて次々と夭折したため、四番目の子アドルフは、生まれてから弟のエドムントが一八八九四年に生まれるまでの五年間、一人っ子として母クララに大切に育てられたのである。そして弟のエドムント(一八九四―一九〇〇)も六歳で早世したため、アドルフは一人息子として、父アロイスから期待をかけられて育っていった。特に彼の父が健康上の理由から、アドルフの小学校一年入学と同時に五十八歳で早期退職し(一八九五年六月)、家庭に居ることになったため、父から特に目をかけられたのであった。小学校で優等生であったアドルフは、父親の期待に十分こたえたのである。わずかな学歴しか持たなかったにもかかわらず、田舎の上級官吏にまでなったアロイスは、自分の身分を大いに誇りとしていたので、当然息子のアドルフも官吏にすることを考えていた。

彼が鼻の下にのばしていた自慢のカイザー髭は、周囲の人々の敬意を集め、優等生の息子を誇るのに大いに役立ったのである。

先妻フランチスカの息子アロイス（一八八二年生まれ、父アロイスと同名）にすこぶる不満であった彼は、三人目の妻クララの息子アドルフに関心と期待を向けていた。

しかし、じっと静かに机へ向かい勉強するといった性格の持ち主でないアドルフは、はじめから役人的な仕事を嫌っていた。

「わたしは官吏になるつもりはなかった。（父の）熱心な説得や訓戒も、この反対をなんら変えることはできなかった。……いやだ。どうしてもいやであった。父は自分の生活を話してくれて、わたしにこの職業への愛着や喜びにめざめさせようといろいろと試みたが、結果は反対になった」（『わが闘争』上、二八頁参照）。アロイスの頑固さを、アドルフも父から受け継いでいたのである。

十一歳になってレオンディングの小学校を終わる頃にはじまった息子の将来をめぐる親子の対立は、平行線をたどっていった。かくするうちに弟のエドムントが六歳で夭折したため、アドルフは唯一人の男児となってしまう。そして、十二歳になった彼が、将来画家、美術家になりたいとはっきり意識し、ある日それを父アロイスに打ち明けた時、彼は声も出ないほどおどろき、ショックを受けたのである。

『絵かきだ？　美術画家だ？』』。かれはわたしの理性を疑った。おそらくは聞きちがったと思ったらしい。……そして特にわたしの考えの真剣さに気づいたとき、かれはありったけの頑固な態度でこれに反対してきた。……『美術画家！　わたしの生きている限り断じていけない』。だが息子も……やはり同じような答えを返した」（『わが闘争』、ドイツ語版、七頁）。

だからといって、ヒトラー親子が常に対立していたわけではなかった。アドルフはそれなりに父を尊敬し、愛していたし、アロイスは息子を思いやり、目をかけていたのである。しかし、息子の将来の問題について両者の意見に合意は見られなかった。

悠々自適な年金生活を楽しんでいた父アロイスは、自分に忠実でもの静かな妻クララに家庭をまかせ、気ままな毎日を送っていたが、息子アドルフの将来の見通しがまだついていなかった一九〇三年一月はじめ、レストランで酒を飲んでいた時、突如脳貧血の発作で倒れ、そのまま亡くなったのである。

内心では父を深く愛していた十三歳のアドルフは、なんの苦しみもなくこの世の旅を終えた父の亡骸のそばで泣き崩れたのであった。

実科学校の落第生

わたしが一九九四年秋、少年アドルフが通ったオーストリア、リンツ市の実科学校（レアールシューレ）を訪れた時、その校舎はそのまま残されていたが、理容師のための職業学校となっていた。

小学校（グルントシューレ）の後、一九〇〇年九月からの実科学校時代より、少年アドルフはその持ち前の性格上、全く違った学校生活に突き当たることになる。この少年は小学校時代の優等生から落第生に転落するのである。それは本人の能力が足りなかったからでは決してない。アドルフの短気で激情的、そして好き嫌いの強い性格は、堅実な勉学を必要とする実科学校ですぐさま困難に突き当たったのである。地道な勉強を必要とする科目は次々と成績が悪化していった。現実をじっと直視せず、夢見る少年は、秩序立った持続性のある学習と勤勉さに欠けていた。

「（実科学校で）私の学業成績が目立って下がった（ミスエルフォルク）ことは確かであった。自分の好きなもの、なかでも自分で画家として将来必要だと考えた全てのものを学んだ。……無意味と思うものや、その他の心をひかれないものを、私は徹底的になまけた（サボティールテ・イヒ・フォールコムメン)」(『わが闘争』、ドイツ語版、八頁)と、アドルフは二十年以上も後になって回顧している。

筆者が実地調査をした時、アドルフの通った実科学校を管理しているリンツ市のレアールギムナジウム(一九九四年当時)には、アドルフの学習態度を裏付ける教員会議議事録が残されていた。わたしがこの学校を訪れ、校長のアーノルド氏の説明を受けた時、学校の季刊誌(一九七四、七五年版)をくださったが、その雑誌にはアルフレッド・ツエーリック氏の論文(「実科学校の教員会議議事録に見るアドルフ・ヒトラー」)が掲載されていて、アドルフの実科学校時代の教員会議議事録が収録されていた。紹介してみよう。

一、リンツ実科学校第十八回月例教員会議議事録

一九〇三年五月二十八日

議題二　学年末と進級試験について

第二学年A組(生徒数二十九名)で、勤勉(フライス)さにおいて特に叱責(ターデルン)されなければならないのは次の四名である。

デップル

エスターマン

ヒトラー（アドルフ）そして
　ヴァイセングルバーである。

二、同月例第四回教員会議議事録
　　　　　　　　一九〇三年十月三日午後三時
議題四　第三学年A組（生徒数二十七名）の問題
このクラスの生徒達は総じて学習態度、勤勉さ、履修経過（フォルトガング）にお
いて満足のゆくものである。しかし生徒ヒトラーの学習態度は注意、警告する必要
がある。

三、同月例第七回教員会議議事録
　　　　　　　　一九〇三年十二月十二日
議題四　調査アンケートについて
　第三学年A組（Ⅲa）生徒数二十七名
（アンケートの結果）このクラスの学習態度、勤勉さ、履修状況は満足のゆくもので

あるが、（しかし）生徒ヒトラーはそれを逸脱しており、警告されなければならない。

以上の実科学校教員会議議事録からすれば、ヒトラーの成績不良は、能力ではなく、学習における怠惰が問題とされていることが明らかといえよう。

実科学校の第一学年目（一九〇〇―〇一年）でまず落第し、第一学年目をもう一度くりかえして、何とか合格した。第二学年（一九〇二―〇三年）の成績は不可であったが、再試験によって及第し、第三学年へ進む。第三学年の終わりも成績は不良であったが、追加試験でやっと何とか合格させてもらった。しかし成績の常なる不振のため、他の学校へ転校を義務付けられるのである。

前述のように、アドルフが四年間在籍したリンツの実科学校は、権力の絶頂にあったヒトラーが、一九三八年三月オーストリア併合の際、ドイツ軍がオーストリアに進駐した三月十二日に、ゲシュタポによる家宅捜査を受け、アドルフの成績など関係書類、資料は全て持ち去られた。

しかし、幸いにもいま紹介した教員会議議事録の資料は没収をまぬかれたのである。

リンツ実科学校時代のクラス写真（矢印がヒトラー）

だが第二次世界大戦後、実科学校が一九五一年に学校創立百周年記念を祝った際、没収をのがれた、アドルフに触れている関係教員会議議事録やクラス写真、アドルフが学校で描いた絵などのオリジナル資料が展示されたが、それらは全て何者かによって持ち去られてしまったのである。そのため現在学校に残されているアドルフ関係資料は、全てコピーでしかない（A・ツェーリック、論文三六頁）。

アドルフの一番きらいな科目はフランス語（外国語）と数学であったようであるが、美術、地理、歴史、体育などの成績はよかった。その中でも歴史は最も好きな科目であった。いくら自分の勤勉さに欠陥があったとはいえ、実科学校で落第または落第すれすれの学校生活をくり返していたアドルフは、小学校時代からの自信と誇りをなくしていってしまうのである。唯一枚残されているアドルフの実科学校時代のクラス写真（しかしこれもコピーで実科学校第一学年目の時のもの）に見る彼の姿と顔つきは、レオンディングの田舎の小学生時代のそれとは全く対照的である。

この一九〇〇年から〇一年にかけてのリンツ実科学校でのクラス写真で、アドルフは最後列の右端（真ん中ではなく）に立っているが、小柄であり萎縮したような感じを受け、もはやかつての自信に満ちた様子は全く見られない。たしかにドナウ都市リンツの学校にはレオンディングの田舎と異なり、教養の高い裕福な家庭の生徒が多く、田舎から都市の学校へ入ったアドルフは圧倒されたのである。この写真には、彼よりも立派な服装をし、自信ありそうな顔つきの男子が少なくない。多かれ少なかれ、田舎者のアドルフは、学業成績も含めてクラスの中で疎外された少年という印象すら写真から受ける。また実際そうでもあった。

一九〇四年夏、リンツの実科学校に四年在籍し、第三学年までやっとのことで修了したものの、成績不良の連続であったアドルフは、第四学年への進級は認められたものの、その年九月の新学期からは転校を義務付けられてしまうのである。そしてリンツの西南にあるシュタイルという田舎町の実科学校第四学年に編入する。そうしてレオンディングの家からの通学が不可能なため、彼は公務員の家庭に部屋を借り下宿生活をはじめることになる。彼はすでに満十五歳になっていた。

大好きなリンツ市から望まずして田舎の学校へ転校させられたアドルフは、それを流刑、処罰と感じたため、いっそうのこと学校を放棄することを考えたのである。しかし、勉学の続行は亡き父とやさしい母の強い意向であることを汲み取っていた彼は、しぶしぶと望みもしない実科学校に籍を置いたのであった。

級友シュトゥルムレヒナーが描いた16歳のアドルフ

このシュタイルの実科学校時代、第四学年のクラスメイトのシュトゥルムレヒナーが描いたアドルフの横顔（一九〇五年）のスケッチが残されている。当時十六歳にしては、おそろしくふけた顔つきであり、またやせぎすである。大好きなリンツ市から島流しのように田舎の町シュタイルの学校へ移され、不便な下宿生活を送りながらの第四学年の勉学がうまくゆくはずがなかった。地道で堅実な努力をきらうアドルフにとって、深味のある内容を学び重ねなければならない実科学校第四学年は、苦痛以外の何ものでもなかった。学校をサボルのも常習となり、転入した一九〇四年秋から半年の間に、無断欠席の日数は、何と三十日にも達していたのである。

一九〇五年夏、学年末の成績で幾何学を落したアドルフは、九月一日から十五日にかけての再試験で何とか合格し、及第点を取ったものの、もはや実科学校を続ける意志は全くなかった。

幸か不幸か、その秋に肺を患う病気になり、病床生活を送るようになった彼は、やっとのことで母の了解を得ると、さっさと実科学校を退学して下宿を引き払い、リンツの母のもとへ帰ってしまうのである。

母のクララは、夫のアロイスが亡くなってから二年半後の一九〇五年六月、レオンディングの家を売って、リンツ市郊外のウルファーに住いを借りていたので、リンツをこの上なく愛するアドルフにとっては、二重の喜びであった。

こうして、彼が長年夢に見た美術家を目指す紆余曲折の青年時代がはじまるのである。

唯一人の友クビツェク

アドルフには唯一人の友人、アウグスト・クビツェクがいた。彼とクビツェクとの友情は、一九〇四年から〇八年にかけてのリンツとウィーン時代に親密であった。その後二人の友情は二十五年間にわたって中断するが、アドルフ・ヒトラーが政権を掌握し、ドイツの首相になった年（一九三三年）に再び感動的な再会を見る。

本日、やっと私のところに君の手紙（一九三三年二月二日付）がもってこられた。この一月以来、私のもとに届く数十万通の手紙のため、君の手紙に出会うことができなかったが、それだけに君の生活の様子と住いについてニュースを受け取ったことは、よろこびに堪えない。

私の今の苦しい闘争（総統としての）の時代が過ぎ去ったら、是非私の生涯で最も素晴らしかったあの時の思い出を、君と共に語り合いたいと思う。どうか（ベルリン総統官邸の）私を訪問してもらえないだろうか。

君のお母さんにもくれぐれもよろしく、君もどうか元気でいてほしい。僕達の古きよき友情を思い出しつつ……。
オーストリア・エフェルディング役場係長
アウグスト・クビツェク殿

わが親愛なる友クビツェクへ！

アドルフ・ヒトラー

一九三三年八月四日　ミュンヘン
（『わが友ヒトラー』、A・クビツェク著、二七一頁）

この四半世紀ぶりに再開した二人の友情は、その後も続いてゆく。それについては、また後々、本書で触れてみたい。

そもそも、アドルフとクビツェクがはじめて出会ったのは、一九〇四年十一月一日（諸聖人の祝日）の夜、リンツのオペラ劇場の安い立見席においてであった。クビツェクが立って観劇しているアドルフをはじめて目に留めた時、彼はきちんとした清楚な服装をし、やせぎすな中位の背たけで、控え目な感じのする若者だった。

一九〇四年十一月はじめといえば、アドルフがリンツからシュタイルの実科学校へ転校させられて二ヶ月後のことであった。当時まだ十五歳で芸術家、画家になることを夢見ていた彼は、学校の勉強をなおざりにして、食べるものすら節約しながら、オペラの安い立見席へ通っていたのである。クビツェクもほぼ同年齢であったが、八ヶ月ほど彼より年上で、十六歳であり、すでに室内装飾工として働きながら、アドルフと同じように芸術家（音楽家）になることを夢見て、仕事を終えた後、しばしばリンツのオペラ劇場の安い立見席に通っていたのであった。

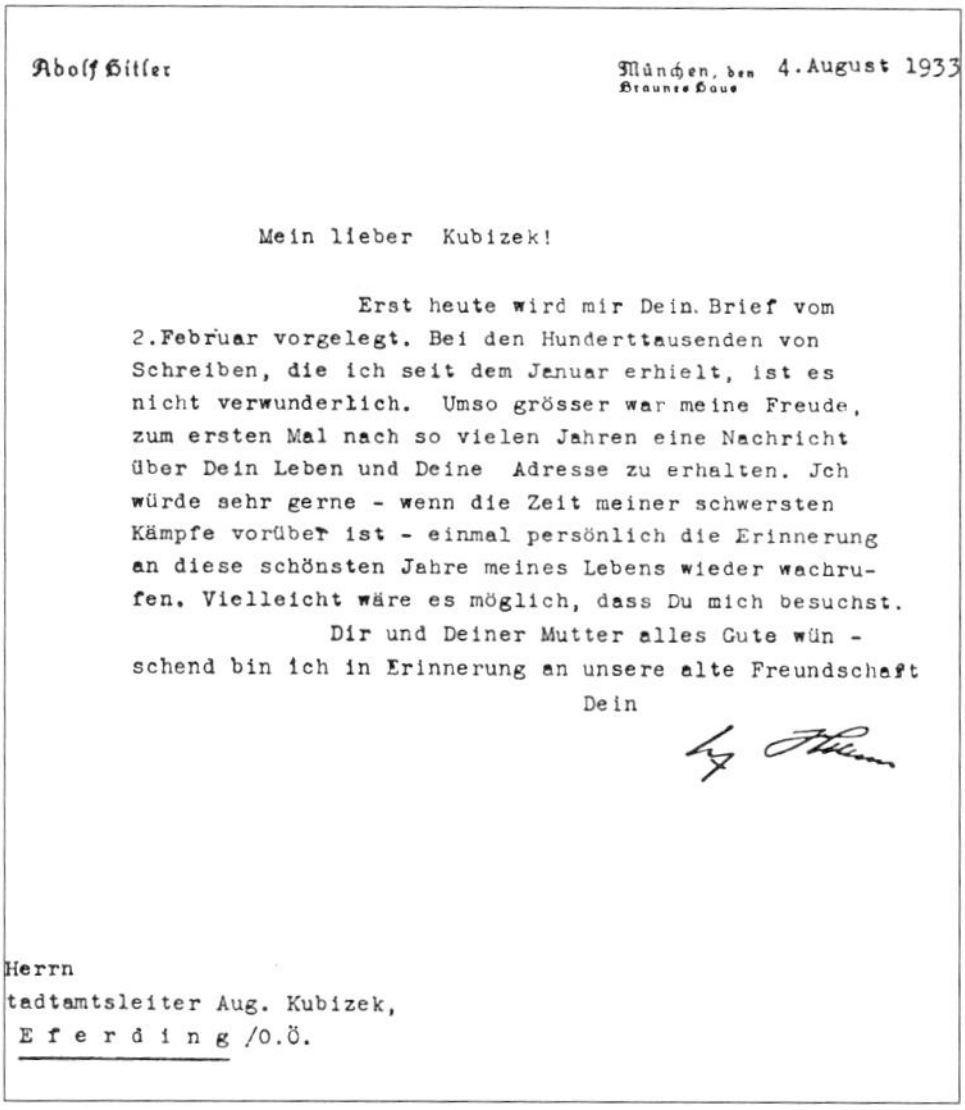
Adolf Hitler　München, den Braunes Haus　4. August 1933

Mein lieber Kubizek!

Erst heute wird mir Dein. Brief vom 2. Februar vorgelegt. Bei den Hunderttausenden von Schreiben, die ich seit dem Januar erhielt, ist es nicht verwunderlich. Umso grösser war meine Freude, zum ersten Mal nach so vielen Jahren eine Nachricht über Dein Leben und Deine Adresse zu erhalten. Jch würde sehr gerne - wenn die Zeit meiner schwersten Kämpfe vorüber ist - einmal persönlich die Erinnerung an diese schönsten Jahre meines Lebens wieder wachrufen. Vielleicht wäre es möglich, dass Du mich besuchst.

Dir und Deiner Mutter alles Gute wünschend bin ich in Erinnerung an unsere alte Freundschaft

Dein

Herrn
tadtamtsleiter Aug. Kubizek,
E f e r d i n g /O.Ö.

旧友のクビツェクに宛てた手紙（1933年８月４日付）

度々劇場の立見席で一緒になった二人は、いつの日か観劇の中休みの時話し合うようになり、そこから二人の友情がはじまったのである。

二人はオペラの出し物が変る度に欠かすことなく、申し合せて観劇するようになっていった。オペラが終った後、二人は夜おそくまで、しばしば夜中までリンツの市内を散歩するのを常とした。特にリンツの鉄道駅からドナウ川の橋までの道が、彼らの好んだ散歩道であった。クビツェクが驚いたのは、アドルフが彼を連れてとてつもなく長時間、あちこちを歩きまわるということで、そんな時、彼にとってアドルフは夢見る放浪者（トラウムヴァンダラー）に見えたのである。そういったいつ尽きるともない遊歩の途中、彼は時として、たった一人のクビツェクを前に突如として話しはじめ、次第に興奮してそれは演説調に変り、顔は赤みをおび恍惚（エクスタシー）状態になっていった。通常は口数も少なく控え目であったが、感動したり、興奮しやすく、短気で時には激怒しやすいアドルフに対し、クビツェクはどちらかというと口数が多く、温厚で受身的であったため、両者は交互に補い合えたのである。

すでに室内装飾の職人として毎日規則的に働いていたクビツェクは、ある日、アドルフに日々どんな仕事をしているのかを問うたところ、彼はすぐさま興奮し、「そんな仕事（規則的な）は絶対にしないさ」と答えた。

事実、アドルフは生涯を通じて、日々の堅実な仕事をする職業を身につけることもなければ、働いたこともなかったのである。そうした習性はすでに実科学校へ入った頃からのものであり、地道な勉学を拒絶し、進学がむずかしかったのもそのためであった。唯一人として友達のいなかった彼にとって、クビツェクは重要な存在となっていったのである。

二人が全くもって意気投合したのは、型にはまったものをきらい、芸術を人生における最高の価値あるものと考えていたからであった。

一九〇六年十一月一日、カトリックの国オーストリアは諸聖人の祝日であった。この日の夜、二人は例によって約束し、リヒャルト・ワーグナーの作品『リエンツィ』をリンツのオペラ劇場で観劇したのである。この作品は、ワーグナーがブルワー・リットンの小説『コーラ・ディ・リエンツィ』をもとにしてパリで作曲（一八四〇年）したもので、十四世紀ローマでの貴族と市民の対立を題材に、貴族の重圧に対し市民によって選ばれた護民官

アドルフの唯一人の友クビツェク（年代不明）

のリエンツィが生命を投げすてて、市民を解放するという長時間に及ぶ演劇であった。この作品にじっと食い入るように観劇していた十七歳のアドルフは、殊の外感動し、興奮したのである。特に最後の場面で護民官のリエンツィが妹のイレーネと、焼け落ちる宮殿とともに亡んでゆくという場面にいたく感激した二人の若者は、内からこみ上げてくる沈黙の興奮を秘めて劇場を後にした。

上演が長かったため、町に出た時はすでに真夜中であった。一年中で一番うっとうしい夜中の街はすっかり霧でおおわれ、見通しはすごく悪かった。

いつもは劇場から出ると、アドルフはまもなく観劇した作品についていろいろと話をはじめ、品定めをするのであるが、この晩だけは、マントのポケットに両手を深くつっこんだまま、顔を真剣にこわばらせ、一言ももらさず静かに市心から郊外へと歩き続けていた。クビツェクはいつもと全く違うアドルフの態度に心をさわがせ、長い沈黙の歩行が続いた後、彼に今日のオペラの感想について尋ねたのである。

すると、アドルフはすぐさまその質問をさえぎって「黙って」と、無愛想な返事をした。

実は、彼が将来芸術家を越えて、《政治家》、《民族の解放者》になりたいと考えはじめたのは、この日、この夜のワーグナーの作品『リエンツィ』にとてつもなく感激し、そう

ドナウ川にかかるリンツ市の橋

リンツ市の中心街

した何者かになりたいと思った時であった。この日の真夜中、立ちこめる霧に包まれた夜道でのアドルフとの体験を、クビツェクは詳しく伝えている（『わが友ヒトラー』、一一一―一八頁）。

事実、この日のことは、ヒトラーが総統として権力の絶頂にあった一九三九年の夏、バイロイトのワーグナー家でクビツェクが彼に再会した時、アドルフ・ヒトラーが、「あの時からはじまったのだ」とはっきりともらしたことからもわかるのである（同、一一八頁）。

初恋のシュテファニー

アドルフには一九〇五年の夏から〇九年のウィーン時代に至るまで、片思いの初恋の娘、シュテファニーがいた。この片思いの時代は、彼が丁度、唯一人の友アウグスト・クビツェクと親交を保っていた時のことであったので、クビツェクがもっとも詳しくこの一件については知っていた。その愛らしい娘シュテファニーのことでは、クビツェクもアドルフのために何かと骨を折っていたのである。平常からおとなしい無口のアドルフは、この美しく好感のもてるブロンドの娘にすっかり夢中になったものの、彼女に直接話しかけることがどうしてもできなかった。そのためクビツェクは、その間に立って随分と苦労した。

そもそもアドルフとシュテファニーとの出会いは、一九〇五年の夏のはじめのことであった。いつものようにアドルフとクビツェクは、夜のリンツの町中を散歩していた。その時、リンツ駅とドナウ川の橋の間の大通りで、ほっそりとした美しいブロンドの娘が、母親らしき女性と腕を組んでやって来るのを見たアドルフは、すかさずクビツェクの腕をとっさにかたくつかみ、「あの母親と腕を組んで歩いているスタイルのよいブロンドの娘は素敵だ。ぼくは彼女が好きだ」とはっきりもらしたのである。

制服姿のシュテファニー

見ると背の高めなすんなりとした姿で、ブロンドの髪を後方で束ねて結んでいる娘であった。その娘と母親は、はっきりと目につくほどきちんとした服装をしていた。その二人の外見や様子からして、良い家庭の出であろうことがすぐに見てとれたのである。

アドルフからのたっての頼みで、その娘の名前と住まいを突き止めようとしたクビツェクは、さんざ町中をうろうろした結果、彼女がリンツ市のウーファー地区に住み、シュテファニーという名前であることを突き止めたのであった。しかも幸運にも彼は、ウーファー地区の写真屋のショーウィンドーにシュテファニーの卒業写真（高等学校の）が見本として飾ってあるのを見つけたのである。当時シュテファニーは十七歳か十八歳で、アドルフよりも一、二歳年上であった。とてもやさしそうな美しく品のよい娘で、豊かなブロンドの髪はいっそう彼女の品位を高めていた。

彼女は未亡人となっていた母と腕を組んで、午後五時頃いつもの習慣でリンツ市の中心通り（ラントシュトラーセ）を散歩しにやって来るのであった。このことをかぎつけたクビツェクは、アドルフを連れ、その大通りが狭くなって鉄格子の門があるところで彼女がやって来るのを待つことにした。

シュテファニーが現われる時刻になると、アドルフはおどおどして落ち着きを失っていった。そして、いよいよシュテファニーが母親とやって来ると、二人はそれとなく彼女を見つめたり、目をそむけたりして彼女の注目を得ようとしたのである。しかし、彼らはシュテファニーに直接話しかけるきっかけをつくることがどうしてもできず、そわそわするばかりであった。そして彼女の目とアドルフの眼差しが、ちょっぴりかち合った時、愛想の良いシュテファニーは、二人のそばを通りすぎながら、少しばかりニッコリとほほえんだのである。そんな時アドルフはこの上なく幸せであった。だが、彼女が毎回いつものところに立っているアドルフに目を向けて、通りすがりにニッコリとしたわけではなかった。

いつもの時刻に彼女を待っていた二人の若者に目を向けず、そのままそばを通り過ぎてゆくことも多かったのである。

またある時は、シュテファニーと母親に青年が付き添って散歩に来ることもあった。そんな時アドルフはひどく悲しそうな顔つきをし、嫉妬の怒りをクビツェクにぶちまけるのであった。シュテファニーに同伴して散歩に来た青年がどんな男か、アドルフから依頼されて調べることになったクビツェクは、四苦八苦したが、「あの男性はシュテファニーの兄さんだ」と報告した時のアドルフのホッとした幸せそうな表情を見て、彼もやれやれと思ったのである。だが、それもつかの間、その後彼女とその母親には軍服姿の若者が付き添って散歩に来るようになった時、それがシュテファニーの兄弟でないことは一目瞭然であった。

今やアドルフは失意のどん底に陥れられたのである。いつもの時刻、いつものところで待っている二人の前に軍服姿の青年に伴われたシュテファニー親子が現われると、すかさずアドルフは怒り狂い「かっこうだけの頭のカラッポなやつ」と、ののしるのであった。

すっかりしおれ、途方にくれたアドルフは、ある日「俺はいったいどうしたらいいんだ」とクビツェクに尋ねてきた。いつも独善的、独断的な彼が、「いったいどうしたらいいんだ」という、いつもの発言とは全くちがう、友にすがりたいという態度を示したことに心を打たれたクビツェクは、ある日次のようなことを勧めた。

「やるべきことはかんたんさ。いつかシュテファニーが母親と二人で歩いてきたら、お前は勇気をもって二人の前におどり出て、帽子を取って正しく一礼し、お前の名前を名のってから、母親の方にシュテファニーと話すための許しを乞い、二人に同伴させてくださいと頼めばよいのさ」と。

自信なさそうにクビツェクの勧めをしばらく考え込んでいたアドルフは、「しかし、もし母親の方が俺の職業について尋ねたら、何と答えればいいんだ。母親にとっては名前よりも職業の方が大切なんだ」ともらした。

「芸術家、美術家アドルフ・ヒトラーです、と答えればよいのさ」

「しかし、俺はまだ美術学校を出てはいない。これから出ることにしているだけだ」

いずれにしても、アドルフはシュテファニーに直接話しかけるには、あまりにも引っ込み思案で、勇気が足らなかった。そのくせ、彼は現実から遠く飛躍し、彼女は自分が（美術学校を終えて）戻ってくるまで待っていてくれるというファンタジーを勝手に作り上げ、しっかとそう思い込んでいたのである。

ヴィオラをひく音楽家志望のクビツェクが属する音楽家団体の会員に、シュテファニーの兄と親しくしているチェロの奏者がいた。その仲間のチェロ奏者からシュテファニーについてより詳しい様子を聞くことができた。それによると、彼女は当時（一九〇五年夏）、丁度リンツのギムナジウムを卒業し、大学入学資格（マトゥーラ）を取得したところで、その美しさと人柄の良さ、成績優秀により、多くの男性から慕われているとのことであった。そして、特にシュテファニーは社交ダンスが上手で、大好きなため、多くのダンスパーティや夜の社交界へ母親と一緒に出かけるとのことであった。

これらの報告をクビツェクから受けたアドルフは、ますます落ち込んでいったのである。「シュテファニーに近づくには、ダンスをやることだ。ダンスができなければ、お前はシュテファニーに近づけないよ」という要求に、社交性に欠け、偏見の強い彼は、「いやだ、いやだ、そんなことは絶対にやらん」と激しく抵抗して叫んだ。

「俺が（立派な美術家になって）戻ってきて、俺の妻になれば、彼女は決してダンスをしたいなどとはいわないぞ」と、またまた勝手なファンタジーの世界をひらめかすのであった。

唯一人の友クビツェクが詳しく伝えているアドルフの初恋は、彼が一九〇五年秋に学業への無関心と成績不良、多くの無断欠席によりゆきづまり、健康を害して病床生活に入る直前に起こったハプニングである。胸部疾患に病み、シュタイルの実科学校を退学する直前におけるシュテファニーへの片思いは、下降の道を歩みつつあったアドルフを生き生きとさせたエピソードでもあった。

その後、シュテファニーへの思いは、なお数年間にわたって続いてゆくことになる。クビツェクは、ウィーンへ出かけているアドルフに常にシュテファニーについて報告しなければならなかったのである。

一九〇六年八月六日付でウィーンのアドルフからクビツェク宛てに届いたハガキで、彼はシュテファニーがどうしているかにつき尋ね、彼女に対する思慕の念にかられていることを告白している。しかも、アドルフは自分の思いと同じようにシュテファニーも、自分のことを思っていてくれていると信じ込んでいたのである。

一度も話したことのない娘に、どれだけの思いとファンタジーをアドルフがめぐらしていたかには、驚くべきものがある。もし仮にアドルフが当時、本当にシュテファニーと知り合い、彼女と結ばれ幸せを築いて満足していたなら、世界の歴史はたくさんの悲劇から救われていたであろう。何かと考えさせられるものがある。

気ままな生活、ウィーンへ

病気になったのを機に、アドルフはやっと母クララの了解を得ると、一九〇五年秋、さっさとシュタイルの実科学校を退学し、下宿を引き払ってリンツの母のもとに帰ってしまう。そして久しくあこがれた美術の勉学に進むことができるようになる。またそれは、彼に日々好きなことができる生活をもたらしたのである。

アドルフは胸の病気であったと後々いっているが、本当はどんな病気であったかは、不明である。しかし、彼がしばらくの間、母のもとで療養生活を送っていたことは確かである。母の住いがあるリンツのフンボルト通り三十一番地には、殆んど毎日のように室内塗装工の仕事を終えたクビツェクが夕方になると病床のアドルフを訪れた。彼はシュテファニーについても報告しなければならなかったからである（『わが友ヒトラー』、六二頁）。

母のクララは大切な一人息子のアドルフを田舎で療養させようと、自分の郷里であるシュピタール（リンツの東北六十キロのところ）へ連れてゆき、親戚のシュミット家に滞在した。新鮮なミルクや田舎の食物で、アドルフはみるみる体力を回復していった。田舎では町から来た学生さんということでちやほやされたが、彼は人々に目もくれず、世話になっている親戚の家の仕事を手伝いもせず、スケッチをしたり、野や森を毎日のように歩きまわり、詩作をしたり、シュテファニーに思いを馳せたり、ファンタジーの世界にひたっていた。時には一日中一人で森の中をさまようことすらあった。

元気になってリンツに帰ってからも、すぐに美術の勉学の準備をはじめるわけでもなく、職業学校へ行くつもりもなく、母のもとでしたい放題の生活を送る毎日であった。

母クララは亡き夫の家を売った大きな金と未亡人年金、またその利息収入で、息子とその妹パウラ（一八九六―一九六〇）の三人暮しは十分ゆとりのあるもので、アドルフにはピアノを買い与え、個人教授をつけるほどであった。

スケッチ、水彩画、詩作、ファンタジーを活かした数々の建築設計、図面の作成などの毎日で、時には放浪者のように一日中あちこちを歩きまわったりもしていた。夜はクビツェクとリンツの劇場へオペラの観劇に出かけ、夜中に帰宅するという毎日であった。唯一人の友クビツェクが職人として朝から夕方まで毎日働いているのを見ても、彼はそうした規則的な日々の仕事に全く興味を示さなかった。クビツェクが職人としての仕事をしながら、音楽家（ヴィオラの奏者）を志望していたのとは大分違っていた。遠大な空想と想像の世界に生きるアドルフにとって、小市民的な毎日は耐えがたかったのである。

彼はこのリンツ時代に多くのスケッチ、水彩画と取り組んだが、その対象の殆んどが建物で、建築、設計への関心をはっきりと示していた。周囲に溶け込めず、意気消沈することもしばしばあったが、いったん一つのテーマに取りつかれると、我を忘れて熱中するのであった。そうなると、時間も睡眠も空腹も、彼を止めることができなかった。ある時はリンツ市の都市改造計画を作成してみたり、ドナウにかかる橋の再建を考案したり、また自ら設計した建築物工事の現場監督をきどってみたりもした。

クビツェクの満十八歳の誕生日（一九〇六年八月三日）には、イタリア・ルネッサンス様式の立派な邸宅（ヴィラ）を設計しプレゼントしている。同じようなヴィラを片思いのシュテファニーのためにも設計していたのである。

こうして実科学校を退学してから八ヶ月以上、母親のすねかじりをして、したい放題のことをして生きていたアドルフは、満十七歳になってまもない一九〇六年五月、生まれてはじめてウィーンへ出かけた。それは、かねてよりの希望であるウィーン造形美術学校受験の準備もかね、見聞を広めるためであった。

オーストリア・ハンガリー帝国の首都に出た彼は、帝都を飾る一群の壮麗な建築物にすっかり圧倒されていった。アドルフがウィーンからクビツェクに送った第二の絵ハガキ（五月七日付）には、その様子が書かれている。

十九世紀後半以降、旧市街を環状に囲む壮大な建物のとりこになった彼は、幾度となくそれらを見てまわった。美術館や博物館に入っても、その内容よりそれらの建物の外装に興味が向いていた。

ウィーンからクビツェクに宛てた四枚の絵ハガキが、全て記念建築物のものであったことからも、アドルフの関心の方向が読み取れるのである。

また夜にはウィーン国立劇場を訪れ、『トリスタンとイゾルデ』、『さまよえるオランダ人』など、ワーグナーの作品を鑑賞していた。

彼は後年、『わが闘争』上巻で、ウィーンに二週間滞在していたと述べているが、これは明らかに間違いで、一ヶ月以上に及んでいたことは、クビツェク宛ての絵ハガキの日付（五月六日—六月六日）から知ることができる。

アドルフはウィーンでの彼の居住場所をクビツェクにしか知らせていなかった。彼の下宿はウィーン第六地区（ベツィルク）シュトゥムペルガッセ二十九番地三階十七号室、ツァクレイス方であった。

ある日、クビツェクがリンツのフンボルト通り三十一番地にある彼の住いを訪ねると、アドルフの母クララはクビツェクの来訪を待ちかまえていたとばかりに、入口のドアを開けるや否や、「アドルフからの便りはありましたか」とすかさず尋ねたのであった。経済的に何の心配もなく生活していた母親も、一人息子のアドルフと一人娘パウラの将来にはいつも心を煩わせていたのである。特に息子が実科学校を卒業に近い学年まで何とか進級しながら、勉学を放棄して退学し、ブラブラしていたことは、何かと母クララを失望させていたのである。クビツェクはアドルフの母と会う度に、彼女の息子についての失意のつぶやきを聞かされていたのであった。「あの子がもし実科学校をきちんと卒業していたなら、まもなくマトゥーラ（大学入学資格）だって取得していたでしょうに。でもあの子は人のいうことを決してきかないのです。亡くなった父親とおなじように、がんこな石頭の持ち主なのです。ウィーンへの旅が一体何の役に立つというのでしょう。父から受けた割当分の遺産を大切にせずに使うなんて、何ということなのでしょう。絵かきになるなんてとんでもないことです。また歴史を書くというのも何の収入にもならないでしょうに。かといって、私はあの子にもう何もしてやれませんわ。……あの子は、自分が世界でただ一人であるかのように、自分の望む道しか歩もうとしないのです。あの子が一人だちになって生活できるようになる日を、私はもう見届けることはないでしょう」(『わが友ヒトラー』、一三一―一三二頁)。

そう語る母クララの声は弱々しく、目には涙が光っていた。これは一九〇六年五月のことであったが、クビツェクはこの時すでにアドルフの母が胸を病んでいる(乳がん)ことを知っていたので、彼女が衰弱し、病床にあることを見て取ったのである。

そんな胸の病に苦しみながら息子の将来を憂慮していた母クララにとって、唯一の慰めは、アドルフが酒やタバコにおぼれることなく、また年頃の娘達を追いかけるということもしない真面目な性格の持ち主であるということであった。

一九〇六年六月、一ヶ月以上にわたるウィーン滞在を終えてリンツへ帰ってきたアドルフは、相変らずクビツェクとドナウの川辺でたわむれたり、森や野を歩きまわって短い夏を楽しむ気ままな生活を続けた。夜にはしばしばリンツのオペラ劇場を訪れることも欠かさなかった。

彼の現実から遊離した生き方は、いつ終わるとも知れなかったのである。そんな生活の結果、アドルフは一年間待った一九〇六年九月のウィーン造形美術学校の受験を見送ってしまうことになる。

しかし、その秋から冬にかけ、母の病状は日に日に悪化し、一九〇七年一月中旬、クラはリンツの病院にて乳がんの大手術を受けなければならなかった。母の重病に直面したアドルフは、現実に目覚め、入院中の母のもとへ毎日通い、母に代って家事を済ませ、妹パウラの世話をするのであった。

母の病状は春になると回復に向かうかに見えた。そこで満十八歳になったアドルフは、すでに二年近い願望であったウィーン造形美術学校の受験を決意し、一九〇七年秋、再度ウィーンへ出かけたのである。合格することを信じ、自分のスケッチをためた大きなカバンを片腕にかかえ上京した彼は、一九〇七年九月、百十数名の受験応募者とともに、ウィーン市シラー広場にある美術学校で試験に臨んだのである。

実科学校時代より自分の絵の才能を疑うことなく誇りとしていたアドルフは、不合格などということは、思いもよらなかった。その自信あってか、与えられたテーマを選んで一定時間内に絵を仕上げるという第一次試験には合格した。この第一次試験で受験生のほぼ三〇パーセントは失格となったのであった。

しかし第二次試験では、自分で持参した作品を提出し、その作品のでき具合と実力を審査され、この段階でアドルフは失格してしまうのである。彼の好みの絵は建築への関心から建物の絵が圧倒的に多く、肖像画や静物画が極めて少なかったため、審査員から合格点をつけてもらえなかったのである。

この美術学校入学試験の失敗は、若いアドルフに殊の外大きなショックを与え、自分自身を根本から疑うほど、彼を落胆させたのであった。

「わたしは打ちのめされて、青年時代にはじめて自分自身に不和を感じ、シラー広場にあるハンセン（デンマークの建築家）の建造になる美術学校の豪壮な建物を後にした」（『わが闘争』上、四四頁）と述べている。

結局、絵画科の入学試験に合格したのは、受験者の四分の一に過ぎない二十八名であった。

不合格の理由を学長に問いただしたところ、彼の才能は絵画よりも建築にあることを聞かされたアドルフは、「やはり」とうなずき、将来は建築家になろうと決意したのである。

しかし、この決意はいかにもアドルフらしく、建築学を勉強するには、大学入学資格を取得していなければならないという前提条件を全く考えていなかったのである。

地道な積み重ねの努力を全て放棄していたアドルフは、その現実的な立場に立って建築家になることを考えた時、彼の失望とみじめな思いは尽きることを知らなかった。前途が真っ暗になるような気持ちに陥ったのである。

彼は美術学校の受験不合格を病床の母クララに知らせることなく、引き続きウィーン滞在を続け、博物館、美術館めぐりや歴史的な記念建築物を見て歩く生活を続けた。しかし秋も深まり、一九〇七年十一月に入ると、母の容態悪化を知らされたアドルフは、はっとして我にかえり、急きょリンツの母のもとへ駆けつけたのであった。

愛する母の死

アドルフが母のクララに似ていたことは、よく知られている。友人のクビツェクは、はじめて彼の母親に面会した時、すぐさまアドルフの顔つきが、母親にそっくりであることを見て取ったのである。とりわけ、彼のよく澄んだ青い瞳、眉毛、口もと、耳の形などは母に生き写しであったといわれる。

しかし、アドルフの性格はやさしい母のそれとは全く違い、「がんこ、石頭（ディックシェーデル）」で、父アロイスのそれによく似ていた。母は夫の男児を四人生んだが、三人が夭折し、アドルフだけが生き残った唯一の男児であったため、彼はとりわけ母親に愛されて育った。母の愛情を十分に感じ取っていた彼にとって、母はかけがえのない存在となっていたのである。後々『わが闘争』で、「母は家政に専念し、ことにわれわれ子どもたちにいつも変らぬ愛情深い世話をしてくれた」ことを述べ、「私は母を愛していた」（上、二三、四一頁）と言っているが、これはまさに正真正銘の発言といってよい。アドルフは本当にお母さん子だったのである。甘くやさしい母に対し、彼は幼い頃からいつも自分の言い分を押し通すことができたのであった。

それでも、きまじめな性格の一面を持っていたアドルフは、大好きな母への気がねを決して忘れることはなかった。一九〇三年一月に父アロイスが急死した後も、いやいやながら一年以上実科学校へ通ったのは、夫の遺志をアドルフが貫徹することを強く願っていた母への心遣い、思いやりだったのである。

すでに述べたように、一九〇六年春以来胸の腫瘍（乳がん）を病んでいた母クララは、一九〇七年一月胸の手術を受けた後、家事と病床生活をくり返していた。

しかし、その春から夏にかけ母が少し回復へ向かったかのように元気になり、リンツの市場へも買い物に行けるようになって、家事にも支障をきたさないようになったのである。それはまたアドルフが二年ごしでやっと重い腰を上げ、ウィーン造形美術学校受験を決意した時のことであった。

彼がウィーンへ出かけてしばらくしたある秋の日、クビツェクはリンツの市場で買い物に来ていたアドルフの母にふと出会ったのである。久しぶりに元気な微笑で「アドルフはウィーンで元気にやっていますよ」とクビツェクに話しかけてきた。しかし、「あの子は一体、何を勉強しているのか、私には知らせてきませんが、大分やることが多く忙しいようです」と、少し不安そうにつけ足した。

「病状の方はどうですか」とクビツェクが尋ねると、「残念ながら調子はよくないのです」と述べ、ひどい胸の痛みがあるため、時々夜も眠れないことがあること、しかしアドルフに心配をかけないよ

アドルフの母クララ

う知らせないようにしているとのことであった。やはりクララの病状が決してよくないことを、クビツェクはあらためて知ったのである。

他方、アドルフも美術学校の受験に失敗し、ガッカリしたことを母に知らせもしなければ、友のクビツェクにも言わないで知らん顔をしていた。病気の母に余計な心配をかけたくなかったからだ。彼は受験に落ちた後もウィーン滞在を続け、何をしているのかを全く知らせないまま、時々クビツェクに片思いのシュテファニーについて問い合せのハガキを送っていたのである。いうまでもなくシュテファニーの件は、母親に知られないよう二人で申し合せていた。

当時、室内装飾工のクビツェクは仕事に追われながらも、余暇を作っては音楽家への道を志し、ヴィオラの奏者としてリンツの音楽会でオーケストラの一員に加わり、出演することにも精を出していた。そのためアドルフの母の招きにもなかなか応じられないでいた。彼女はクビツェクを通してウィーンの息子のことを聞きたがっていたのである。

十一月下旬に入って、やっとのことでクビツェクは彼の母を訪ねたのであった。そして久しぶりで彼女を見たとたん、彼は大きなショックを受けた。その青白い弱々しい顔、彼に差しのべたやせ細った腕は、まぎれもなくただごとではない病状を示していた。

クビツェクはすかさず、彼女がウィーンのアドルフに病状を知らせたかどうかを尋ねると、まだ知らせてないが、どうしようもなければ呼び寄せるしかないとの返事であった。アドルフの妹パウラはまだ十一歳になったばかりで、重病の母を看護するにはあまりにも幼かった。

当時、母クララの乳がんは一段と悪化し、彼女の余命をいくばくもないものにしていたのである。

ヒトラー家のホームドクターで、温厚で思慮のあるユダヤ人医師エドヴァルド・ブロッ

アドルフの妹パウラ（1915年頃）

ユダヤ人医師ブロッホ

ホ博士は、死期の近づいたクララに郷里シュピタールへ帰って療養することを勧めていたのである。心あるブロッホ博士にもすでに打つ手がなかった。

アドルフの母の病を気遣いながらも仕事に追われていたクビツェクは、秋もすっかり深まった十一月末日、彼の仕事場に突如としてアドルフが現われたのに驚き、彼のウィーンからの帰省を知った。彼の顔は絶望と悲しみに満ちていた。目は赤くはれあがり、やせ細った彼は、いまにも倒れそうであった。

「医者はもう助からないと言った」というのが、彼がもらした唯一の言葉であった。

勝手なことをし続けてきた彼は、今頃になってやっと愛する母の病が、それほど絶望的なものであることをはじめて知ったのである。幼い頃から深い愛情をもって育ててくれた、唯一の心のよりどころである母を失うことを痛感したアドルフのショックは、計り知れないものがあった。

一九〇七年十一月末からクリスマス直前における母の死まで、母の看護をはじめたアドルフは、今までとは全く違う若者になった。いつも独善的で一方的、好き嫌いが激しく、興奮して激怒しやすい彼は、友のクビツェクが自分の目を疑うほど、やさしく、静かで忍耐強い青年に変わったのである。リンツ市ウファファーのブルーテンガッセ九番地にアドルフを訪ねると、いつも台所でエプロンをかけ、家事をしながら、ベッドに横たわる母にやさしい眼差しを投げかける彼に接したクビツェクは、思わず目頭が熱くなるのを抑えられなかった。そして胸の激痛にあえぐ母を見つめるアドルフの悲しみに満ちた顔つきは、より一層涙をそそったのである。痛みを鎮めようと母のクララがベッドから身を起こそうとすると、アドルフはすかさず駆け寄り、やさしく母の背中を支え助けるのであった。

クビツェクは第二次大戦後の晩年、当時を回想して次のように述べている。

「私は自分の人生において、あの時のアドルフと母の姿ほど、母と子の愛らしい感動的な場面を見たことがない」（『わが友ヒトラー』、一四〇頁）と。

胸の痛みが鎮まって母が安らかに眠るのを見つめる時、アドルフの澄んだ青い瞳は幸せそうに輝くのであった。

待降節（アドヴェント）も半ばをすぎて降雪があり、外界は一面の銀世界となって、間近に迫ったクリスマスの準備でどこの家庭も喜びと幸せと期待に満ち満ちていた。家族そろって救世主キリストの降誕を祝うクリスマスの情緒はすっかり盛り上がり、各家庭は大祝日の準備に忙しかった。

一九〇七年十二月二十日夕刻、クビツェクがアドルフを訪ねると、すでに彼の母はカトリックの司祭より終油の秘蹟（キリスト教徒が死の直前にベッドで受ける準備の祈りと儀礼）を受けたとのことであった。

彼が住まいのドアをそっとノックすると、アドルフの妹のパウラがドアを開けた。とまどいながら静かに住まいに足を踏み入れると、奥の部屋で母のクララがベッドに背をもたれて座っているのが見えた。アドルフは母の背中をそっと支えていた。彼の目配りで、母の調子が悪いからすぐ帰ってくれというのが、クビツェクには理解できた。

しかし、すっかり弱りきっていた彼の母は、眼差しでクビツェクをベッドの方へ招き、やせ細った手を彼に差しのべたのである。そして殆んど聞き取れないほどのかすかな声で、クビツェクに最後の言葉をもらしたのであった。

「グストゥル（クビツェクの名前アウグストの愛称）、どうか私がいなくなった後も、息子のよき友達でいて下さいね。この子には他に誰もいないのですから」と。

思わず胸をつまらせ涙ぐんだクビツェクは、「はい」としっかり約束をした。そしてアドルフのもとを去った。

その翌日、十二月二十一日未明、午前二時に母のクララは永眠したのであった。享年四十七歳。一人息子のアドルフにこの上なく目をかけ愛した母は、今やっと乳がんと闘う激痛の日々から解放されたのである。

　その日の午後、アドルフはクビツェクのところへやってきた。すでに彼の家の仕事場はクリスマスの祝日を前に休みとなっていた。彼は母が今朝午前二時に亡くなったこと、そして彼女の最後の望みは、レオンディングの夫の墓地の隣に埋葬してほしいとのことであったことをクビツェクに告げた。

アドルフの母クララが亡くなった住まい（2階右側）

　クビツェクは母親と一緒に花をもって遺体の安置された住まいを訪れた。ベッドの両脇にはローソクが灯され、戸主のアドルフは母のそばにじっと姿勢を崩さず、弔問の人々を迎えていた。
　静かに眠る母に付き添うアドルフの姿をじっと見つめたクビツェクは、唯一の心のよりどころである愛する母を失った彼の悲しみがいかばかりであったかを十分感じ取ったのである。幼い時から常にやさしく、甘い愛情を注いでくれた地上で唯一の愛の対象を、多感な十八歳のアドルフは失ったのであった。

ヒトラー家を度々訪れていたユダヤ人医師ブロッホ博士は、後年（一九三八年）、当時の様子を回想し語っている。

「アドルフ・ヒトラーは母親を心から慕っていた。母親のどんな小さな動きでも見逃さず、必要があればすぐ手を貸そうと待ち構えていた。ふだんは物悲しそうに遠くを眺めている目も、母親の痛みがしばし遠のくと明るく輝くのであった。……私は四十年近くも医者をやってきたが、あの時のアドルフ・ヒトラーほど悲しみにうちひしがれた青年の姿を見たことがない」（『人間としてのヒトラー』、八二頁）と。

母の死をもって両親を失い、戸主となった十八歳のアドルフは、周囲の人々の助けを得て母の埋葬の準備をし、クリスマスの前日、十二月二十三日午前九時、レオンディングの雪におおわれた真っ白な墓地で、母の棺を冷たい地中に横たえたのであった。

前日から降った雪で、墓地は一段と深い雪でおおわれていた。

救世主キリストの降誕を大いなる喜びをもって各家庭が祝うクリスマスの前日、ヒトラー家は家の要《かなめ》であった母を冷えきった地中に葬ったのである。

埋葬がよりにもよってクリスマスの前日であったということは、一段と周囲の同情を集め、アドルフ本人と妹パウラの悲しみをより一層深いものにしたのであった。

アドルフの両親が眠る墓

第二章　失意のウィーン時代

一九〇八年二月、母の死後の後始末をし、遺産相続問題をかたづけたアドルフは、再びウィーンへ出て五年に及ぶ三度目のウィーン生活をはじめることになる。

その目的は、前年受験に失敗したウィーン造形美術学校を再受験するためであったが、はっきりした意図と目的を持っていなかった。

十分な能力があるにもかかわらず、一定の職業を身につけるための地道な努力と積み重ね、忍耐を持ち合わせていなかったアドルフは、平凡な「日々のパン」を稼ぐためのおきまりの仕事をすることを忌み嫌ったのである。

詩作をしたり、絵を描き、建物の図面を作成し、読書をして思索し、劇場を訪れるという生活をしていたアドルフは、自ら芸術家的な道を歩みはじめていた。そして、じっくりと三度目のウィーン生活をはじめた彼は、都の華やかさの影にある貧困、みじめさの考察にも目覚め、次第に政治、民族、国家、思想問題にも関心を深めてゆくのである。そして愛する母を失い、唯一の愛のよりどころを喪失した彼は、展望のない日々を送る中で、否定的で冷酷な、憎悪の思想へと落ち込んでゆくのである。

アドルフが『わが闘争』の中で、若きウィーン時代を「人生の修業時代」と称しているのは、彼の全存在をかけた生か死かの闘争の道がそこに端を発していることを示唆しているといえよう。

下宿生活

一九〇八年二月十八日付の友人クビツェクに宛てたウィーンからのハガキがあることからすれば、アドルフは遅くともその時点で、三度目のウィーン生活をはじめていた。彼の下宿先はウィーン西駅からほど近いウィーン市第六地区のシュトゥンペルガッセ二十九―三十一番地の三階で、そこは廊下にいくつも部屋のある中の十七号室であった。つまりアドルフは最初のウィーン滞在の時から、気の知れた同じ宿を今回も下宿先にしたのである。ウィーン造形美術学校の受験にはまだ六ヶ月以上もあった。

母亡き後、自分と妹パウラの孤児年金（孤児年金は当時満二十四歳まで、独立した収入で生活できない場合には、国から支給された）手続き、母の住居の解消、妹パウラの養育のため、異母姉であるアンジェラに引きとってもらったこと、またレオンディング町長マイヤーホーファーを後見人として遺産相続手続きなどを全て済ませてのことであったため、今回は長期滞在のつもりでウィーンへ出てきたのである。アドルフは美術の勉学、また美術家、画家として仕事をする覚悟であった。

殆んど全ての歴史家が指摘しているように、母の死後のアドルフの財政状況は決して悪くはなかった。彼にはまず父母の残した遺産の取り分があり、また亡き母の郷里シュピタールの叔母（母クララの妹）が亡き後、母が二人の子どものために相続していた分も、アドルフと妹のパウラに支払われることになっていた。その他に孤児年金ももらえたのである。

アドルフの下宿の自己負担分は、月額十クローネであり、彼の孤児年金だけでも月額二十五クローネが支給されることになっていた。

アドルフが遺産相続の結果、一体、いくら金を持っていたかを正確に裏付けることはできないが、恐らく普通に生活すれば、数年間は何もしなくても生きてゆくことができる遺産額を相続していたと推測できる（『人間としてのヒトラー』、八三―八四頁。『アドルフ・ヒトラー』、村瀬興雄著、一一五―一一七頁）。

しかも友人のクビツェクが詳しく伝えているように、質素に徹していたアドルフは、パンとミルクとバターで殆んど一週間暮すことができたのである。

酒もタバコも全くやらず、ガールフレンドを持つこともなく、自分のしたいことに黙々と徹していた。

さて、母を失って唯一のよりどころをなくしたアドルフは、唯一人の友であるクビツェクをいままで以上に必要とし、なかば彼によりかかりたい気持ちになっていた。そこで彼はウィーンへ長期間でかける覚悟をした時、できることなら唯一人の友クビツェクをぜひ一緒に連れてゆきたいと思ったのである。職工の仕事をするかたわら、ひそかに音楽家になりたいと夢見ていた一歳年上の友を、音楽の都でもあるウィーンへ誘う絶好のチャンスと彼は見て取ったのであった。

一九〇八年一月、クビツェクを連れ、雪におおわれた母の眠る墓所を何回となく訪れたアドルフは、ウィーンへ出て自分の道を切り開くことを決意した。そしてウィーンで本格的に音楽家を目指して勉強したいと思いながらも、一人息子として両親に気がねし、決断しかね迷っていたクビツェクを、得意の説教でとくとくと説得し、だきこんでしまったのである。

息子の夢をかなえてやりたいとひそかに願っていたクビツェクの母親に対しては、息子には立派な音楽の才能があり、ウィーンの音楽院（コンセルヴァトーリウム）を出れば、間違いなく立派な音楽家になれると強調し、天才的な口調で母親を説き伏せてしまったのであった。父親に対しては、息子の埃にまみれた毎日の仕事が、どんなにか若者の健康を害する危険な職業であるかをくどくどと説きあかし、父親の口を封じ込めてしまう。こうして、アドルフに遅れること二週間、一九〇八年二月下旬、クビツェクはヴィオラを背負い、両手に大きなトランクを下げ、持てるだけのものを持ってウィーン西駅に降り立ったのである。彼を迎えに出たアドルフは、大いなる喜びをもって友を抱き、頰に歓迎のキスをしたのであった。

彼の下宿は、ウィーン西駅から大通りのマリア・ヒルファー通りを渡った静かな裏通りにあった。シュトゥムペルガッセの通りの立派な建物をくぐった裏庭に面した古い、陽も殆んど当たらない、うす暗い建物の三階に彼の部屋があった。長い廊下の十七号室でアドルフとクビツェクは同居生活をすることになった。しかしクビツェクはウィーンの音楽院に入ってから、下宿での練習用にグランドピアノを借用して持ち込むことになっていて、すでにアドルフが賃借りの発注をしていた。ところが二人で住む部屋にグランドピアノを入れ、二つベッドを置くことはとうてい不可能であることに気付いたのである。二人はいろいろと思案したあげく、女主人のマリア・ツァクライスが住んでいた廊下の角の少し広い部屋を貸してもらうことができた。そこにはグランドピアノを挟んで部屋の両側に二人のベッドと机を置くことが何とかできたのである。部屋代として二人で毎月二十クローネを支払うことになった。各人の負担は月に十クローネである。部屋に電灯はなく灯油ランプの照明だけであったので、いつも部屋に灯油の匂いがただよっていた。

クビツェクはウィーンへきた翌朝すぐにウィーンの音楽院（コンセルヴァトーリウム。資格や学歴は問われなかった）へ登録に出かけ、すぐに技能試験を受けて合格し、正式な学生となった。いとも簡単に音楽院に入ってしまったクビツェクに、アドルフは少なからずおどろいたのである。それは美術学校の受験に一度失敗し、再度受験を志すアドルフにとって重圧となっていった。

それにしても、理想の高い芸術家をめざす彼らにとって共同下宿の状況は、しばしば二人を窮地に陥れた。少し広めの部屋とはいえ、二人のベッドを壁につけて並べ、その向かい側の壁にグランドピアノを置き、ベッドとピアノとの間に食卓をかねる机を置くと、殆んど身動きもできないほどであった。

ベッドと机の間は三十センチとあいておらず、その間を通り抜けることすら殆んどできないありさまであった。それに加えてアドルフが次々と描くスケッチ、デッサン図面などが、ベッドや机の上のみならず、床にも所狭しと広がりころがっていて、足のふみ場もないことがしばしばあったのである。しかも二人の生活のテンポが随分とずれていて、クビツェクが毎朝早く音楽院へ出かける時、アドルフは眠っているのが常であった。クビツェクが午後音楽院から帰ると、アドルフはいつも出かけていて不在であった。そのため、午後自宅でピアノやヴィオラの練習をするのには好都合であった。

しかし、夜になって二人が居合せると、アドルフは読書や図面の作成にふけったりするので、クビツェクがピアノやヴィオラをひくと邪魔になったのである。

反面、アドルフは夜遅く真夜中まで仕事（読書、図面の作成など）をするのが普通であったから、クビツェクの睡眠の邪魔になることがしばしばであった。

お互いに苦情をもらすことも時々あったが、二人の友情にひびが入ることはなかった。二人で都合がつく時は一緒に街へ出て、レストランや飲み屋、カフェーハウスに入ることなく、何時間も建物や都会の様子を見てまわったのである。そんな時、アドルフは得意になって有名な建物の構造や様式、特徴や大きさなどにつき、クビツェクが驚くほどの知識と記憶力を披露し、演説したのである。たった一人でも聴衆がいれば、アドルフにとっては十分だったからである。

下宿の部屋には台所はおろか、水もなければトイレもなかった。彼らが住む三階には八つの部屋があり、それぞれに間借人が住んでいた。廊下の中ほどに水の出るたった一つの栓と流し台、それにただ一つのトイレにはきまって南京虫が姿を現わすのであった。クビツェクが伝えているように、そのトイレの汚さ、不潔さは大変なものだったのである。清潔を好むアドルフが汚いトイレと南京虫にいつも怒っていたとしても、不思議ではなかった。

「われわれ（の生活）は野ら犬（フントレーベン）も同然だ」と、彼はよくクビツェクに怒りと不満をもらすのであった。不潔はともあれ、八部屋の住人がたった一つのトイレを使うのであるから、時として用をたすのがいかに困難であったかは想像するに難くない。

いつもは壮麗な建築物にしか興味を示さなかったアドルフも、下宿の不便きわまりないみじめな生活を続ける中で、貧しい労働者や庶民の住まいの改善を図る必要があると考えるようにもなり、台所やトイレ、バス付の庶民住宅を設計する意気込みを見せたこともあった。

そんな下宿生活でも、喜びもあった。二週間ごとにクビツェクの母親が送ってくれる荷物が届いたからである。もちろん荷物の中味は食べ物だったので、二人の若者は待ってましたとばかり、空腹を満たす期待に胸をふくらませたのであった。ハムやソーセージ、バター、チーズなどがぎっしり詰められていて、ひもじい若者の腹を満足させてくれるのが常であった。

母を亡くしたアドルフに、やさしいクビツェクの母親は、あわれな勉学中の二人の息子を持つような気持ちで、月に二回も彼らに食糧を補給してくれたのである。

オペラの友

アドルフとクビツェクがしばしば空腹をかかえていたからといって、彼らがすこぶる貧困で、全く金がないというわけではなかった。すでに述べたように、アドルフは当分の間は生活できる金を持っていたのである。

二人は質素な生活をしていたとはいえ、しばしば宮廷劇場で観劇をしていた。いうまでもなく、一番安い立見席であるが、そこの常連だったのである。それでも格安の立見席でさえ一人二クローネしたわけであるから、月に五回オペラに通えば十クローネになり、それは各自の一ヶ月の下宿代に匹敵した。二クローネあれば一人で三日分の食事代がまかなえたのであるから、空腹をかかえたアドルフではあったが、オペラへ入場するためには、おしげなく相当な金を使っていたことになる。

クビツェクがリンツからウィーンのアドルフの下宿に移って来た一九〇八年二月下旬の

その日の夜、二人はすかさず宮廷劇場を訪れたのであった。特にワーグナーの作品が上演される時、アドルフは観劇を欠かすことがなかった。芸術の都ウィーンは、二人の芸術家の卵を満足させるに十分なものを提供していたのである。

もともと二人の友情がリンツのオペラ劇場での出会いからはじまったことを思えば、当時のヨーロッパで最高のオペラを楽しむことができたウィーンに二人が住んだということは、大いなる幸いであった。

彼らが通いつめた宮廷劇場の立見席は、一つの大きな長所を持っていた。それは立見席が主賓席の真下に位置していたため、最高の音響効果を楽しめたことである。

しかし、観劇券の入手は決して容易ではなかった。当日券の販売窓口は、オペラがはじまる一時間前より開かれたが、その当日券売場の通路は、その二時間前から並ぶことができたため、当日券を手に入れたいオペラファンは、少なくともオペラ開始の三時間前にはそこへ押しかけていたのである。しかも立ち並ぶ通路が開放される前に行って、早く並ばないと、当日券売場の窓口に達する前に観劇券は売り切れることが多かったため、アドルフとクビツェクは、さらにもっと早く行って列の前の方に並ばなければならなかった。そして券を手に入れたら、いかに素早く立見席のよい場所を確保するかであった。三時間以上も並んだあげく、さらに三時間から五時間（中休みはあったが）の観劇をするのには、すこぶる体力を必要としたのである。そこで二人はできる限り立見席最前列の脇の壁側を確保し、体をもたれかけるようにし、少しでも疲れを軽減しようとした。

幸い立見席には若い娘や婦人達は来ないことになっていたので、女性に敬意を示し、よい立見席を譲るといった必要はなかったのである。これは特にアドルフが喜んだことであった。

着飾った女性がいると、男といちゃつき、ザワザワするので、彼は特にそれを嫌ったのである。幸い女性が全くいない立見席はそういったことがなかった。

しかし彼を怒らせたのは、立見席にしばしば幾人もの「さくら」（出演歌手や俳優の）がいて、必要以上に拍手をしたり、ブラボーと叫ぶので、真剣に観劇するアドルフにとって大いに耳ざわりで、邪魔になった。もう一つアドルフを憤激させたのは、立見席が真ん中より鉄柱で仕切られていて、半分は軍人や将校の立見席となっていて、そこはいつも観劇者が少なかったのとは反対に、アドルフとクビツェクが立つ一般の立見席はいつも満員で、押し合うような騒ぎだったことである。

ゆったりとした立見席で、あくびをしながら退屈そうにしている軍人や兵士達を見る度に、アドルフは怒るのであった。

オペラの常連である二人には、もう一つ他の問題があった。それは、彼らの下宿の門限が午後十時だったことである。部屋のカギは持っていたものの、建物の入口のカギは与えられておらず、管理人しか持っていなかった。そのため夜十時を過ぎて帰宅すると、一人一回六十五ヘラーの罰金を管理人に支払わなければならないことになっていた。六十五ヘラーといえば、当時安い食事が二度もできる金であった。そんなわけで、しばしば見たいオペラも最後まで見ずに、十時十分前には劇場から飛び出し、下宿へ走らねばならなかったのである。こうした事情のため、真冬でも我慢してマントも着ないでオペラへ出掛けた。劇場ではマントを預けなければならず、金がかかると同時に、時間ギリギリに劇場をかけ出るのに、マントを引き取る時間などなかったからである。劇場を出ると外気の寒さに震え上がるのであった。それでも門限に間に合うよう下宿にすべり込んだ時には、二人は汗をかくほど暖かくなっていた。

オペラへ行く回数は、音楽家を志すクビツェクより、建築家、画家を目指すアドルフの方がはるかに多かった。

クビツェクの証言によれば、アドルフと下宿生活をともにした四ヶ月間に、アドルフはワーグナーの『ローエングリーン』を十回近くも観劇していたのである（『わが友ヒトラー』、一九六頁）。アドルフがいかにワーグナーの作品に感動し心酔していたかは、クビツェクがすでにリンツ時代からその様子を詳しく報告している通りである。

ワーグナーに耳を傾ける時のアドルフは、全く違った人間のようになり、彼のゴツゴツした面は消え去り、また彼の落ち着きのない不安定なそぶりは平静を取り戻し、柔らかい温かみのある姿に変容していった。

当時のウィーン宮廷劇場で名声を博していたユダヤ人指揮者グスターフ・マーラーの振るワーグナーの作品は、アドルフに特別に深い感動を与えていた。『ローエングリーン』や『ニュルンベルクのマイスタージンガー』の作品の多くの部分を暗唱していて、時々衝動的に興奮して口ずさんでいたとしても、なんら驚くには値しなかったのである。彼がワーグナーに思いを馳せながら、オペラ劇場の設計をどれほどしばしばしていたことか。当時ヨーロッパ最高を誇るといわれていたウィーンのオペラは、夢見る二人の若者をとりこにしていたのである。

その三十年後、独裁者、総統として権力の絶頂にあったアドルフ・ヒトラーは、願望のオーストリア併合を果たした後（一九三八年三月）、バイロイトのワーグナー家でかつての旧友クビツェクと感動の再会をすることになる。

冷酷なアドルフ・ヒトラーも、若きウィーン時代の友を決して忘れることはなかった。この両者の心温まる再会、対面については後述することにしたい。

リンツ市改造計画の模型の前で議論するヒトラー（ベルリン総統官邸地下壕）。左；建築家H. ギースラー／右；秘書官マルティン・ホフマン

建築家への夢と意志

アドルフ・ヒトラーはベルリンの総統官邸地下壕で自殺するまで、「建築家でありたい」という夢を持ち続けていた。ヒトラーの側近ハインツ・リンゲが詳しく記録に残したように、東西から迫るソヴィエト軍と連合軍によりベルリン陥落が目に見えていた一九四五年二月でさえ、ヒトラーはなお、ヴォス通りの総統官邸地下壕に展示させていた建築の模型を、しばしば見つめていたのである。「二月九日午前四時、二月十日午前三時、二月十三日午後六時四十五分……」（『ミュンヘンのヒトラー』、A・ヨアヒ

ムスターラー、三七頁）と側近のH・リンゲは書き留めている。

その翌月の三月に入り、ベルリンがすでにソヴィエト軍に包囲されていた時でさえ、青年期以来考えていたリンツ市の都市計画の木製モデルに、熱心に見入っていたのである。

生か死かをかけた全面戦争に敗れ、死を前にしても、彼は建築家への憧れの思いを捨て切れないでいた。ヒトラーの政権掌握以来の秘書クリスチアーネ・シュレーダーは、一九四五年四月末、オーバーザルツベルクのヒトラーの山荘ベルクホーフの彼の金庫には設計の図面やスケッチの束がいくつも保存されていたことを証言している（同、三七―三八頁）。

一九四〇年七月二十三日午後、バイロイトのワーグナー家で旧友のクビツェクに再会した時、戦争の勝利を確信していたヒトラーは、次のようにも話していた。

「戦争はまだ私を必要としているが、もうそう長くは（勝利まで）かからないと思っている。そうしたら私はぜひ再び建築の仕事にとりかかりたい。そして、クビツェク、私はあなたを私の元に呼び寄せたい。あなたはいつも私と一緒にいてほしい」（『わが友ヒトラー』、二八九頁）と。

ヒトラーが若き日の夢を実現し、建築家になって活躍し、満足していたなら、かつてのあのような人類史上最大の悲劇は起こらないで済んでいたであろうと考える歴史家がたくさんいても不思議ではない。
そもそも、アドルフの建築への興味は、彼が実科学校時代から絵が得意で、その大方は

山荘のベルクホーフ（背を向けているのがヒトラー）

建物のスケッチであったことに源を発している。

すでに本書でも触れた通り、アドルフが実科学校を十六歳で退学し、気ままな生活を送っていた時、数多くのスケッチをしたり、建築設計の図面作成をしたり、例えばリンツ市の劇場やドナウ川にかかる橋の改造設計などに熱中していたのである。そして一九〇七年秋、ウィーン造形美術学校の受験に落ちた時、そこの学長ラルマンから絵画よりも建築分野の才能を指摘されて以来、アドルフの建築家を目指す意志は固まっていたのであった。

しかし、日常のありふれた仕事や堅実な勤勉さを嫌い、大学入学資格（マトゥーラ）はおろか、実科学校すら卒業していなかった彼にとって、正規の建築学への道は閉ざされていたのである。

当然合格するであろうと確信していた美術学校の試験に落ち、建築学を正式に学ぶ道もふさがれ、その直後にこの上なく愛する母を失い、失意と悲しみのどん底に彼は陥れられる。

将来への夢と希望、それをはばむどうしようもない現実に直面したアドルフの怒りと不満、悲痛な思いは、自分の前途をふさぐ社会や周囲の世界に対する恨みと憎悪、憎しみの念を彼の精神に植えつけていった。それでも建築家になりたいという彼の傾倒と意志は、現実の壁をものともしなかったのである。

ウィーンに定住するようになり、ひもじい生活を送りながらも、最高の芸術や文化に十分浸ったアドルフは、「人間生活の全ては過ぎ去る。しかし、高い芸術や文化は永遠なるものである」という信念を固めていった。図書館通いをするかたわら、天候が許す限りシェーンブルン宮殿の庭園へ出かけ、読書し、詩作し、建築の構想を練ったり、物思いにふける毎日であった。ある時は三日三晩も下宿を留守にし、ウィーン市内を歩きまわり、数々の建物を観察、スケッチし、空腹と疲労で倒れそうになって帰宅することすらあり、クビツェクを心配させるほどであった。そして熟睡した後、建築の図面作成に取りかかるのである。クビツェクが音楽学校から帰ると、下宿の部屋にはベッド、机、床のいたるところに図面が転がっていて、足の踏み場もないほどであった。建築に関する本も所狭しと広げられていた。

アドルフの短気で凝り性の激しい性格は、熱中すると止まるところを知らなかった。

一九〇八年九月、アドルフは再びウィーン造形美術学校の絵画科を受験するが、今度は最初の課題を与えられて構図を描き、仕上げる予備試験の段階で落されてしまうのである。そのため自分がここ一年間を通して熱心に描き、スケッチしておいたたくさんの作品を提示し、審査を受けるチャンスも与えられないまま、不合格にされてしまうのである。

今度こそは当然合格すると思い込んでいたアドルフの失望と怒り、挫折感は非常に大きかった。もちろん彼は一九〇七年秋の試験に落ちた後、次の年に備え受験準備をコツコツと整えるという慎重な男ではなかった。たとえば、受験の二ヶ月前でさえ、ウィーンの宮廷や宮廷劇場の改造計画とその図面作成、リンツ市の改造計画の構想と作図に下宿で熱心に取り組んでいた。

一九〇八年七月十五日付のクビツェクに宛てたハガキによれば、夜中の二時、三時までも何ら実現の見通しのない図面作成などの仕事に従事していたことがわかる。

それほどの熱意を持ってアドルフが美術学校の受験を準備していれば、間違いなく合格していたといってよかろう。そんなわけで、才能や能力に欠けていたわけではないが、再度の受験失敗は、自分の実力を確信していた彼にとって、将来における正規の芸術家への道が閉ざされたことを意味した。日々のがむしゃらな芸術への努力、孤独の学習がむくわれなかったことを切実に思ったアドルフは、怒りと憎しみの気持ちでその現実を受け止めたのであった。

下宿の同僚クビツェクが音楽院での地道な学習、勤勉な積み重ねにより、優秀な成績を修めて夏学期を終え、希望に満ちてリンツの両親のもとへ帰っていったことを思うと、より一段と、その失意と孤独感が淋しさを増幅させたのである。

クビツェクはアドルフのあてのない芸術、建築設計への努力に、いつも同情の念を持っていた。

帰郷したクビツェクが母親にアドルフのみじめな状況を語った時、同情した彼女はすぐさま息子の友に小包を送ったほどであった。しかもクビツェクの母は数回も続けて一人ぼっちのアドルフに、食べ物の詰め合せを送ったのである。

内心は激しい性格で、表面的には静かで控え目、礼儀正しいアドルフは、クビツェクの両親に厚い感謝の意を届けることを決して忘れなかった。

友のウィーンでの輝かしい成果と将来への展望は、アドルフに自分のみじめさをまざまざと感じさせるばかりであった。

それでも、たとえ正統な勉学による建築家への道は閉ざされたとはいえ、実践と実力による芸術建築家（クンストアルキテクト）への意志と夢を、彼は決して捨てなかったのである。「(二度の試験に落ちても）数日のうちに、わたしもいつかは建築家になるのだ、ということを自分自身で意識した」（『わが闘争』上、四四頁）と。

政治活動に突入して、長い間、芸術や建築への接触が途絶えることがあっても、アドルフの建築家への夢は死の直前まで生き続けていたのである。

アドルフ・ヒトラーが総統になってからも、いかに彼が建築学、建築史、建築に関する専門用語に通じていたかは、彼に接した建築分野の専門家がしばしば驚かされていたということによって、多くの歴史家は伝えている。

冷酷非道な行動に出たヒトラーではあったが、若き日のこころざし、芸術への夢を決して忘れることはなかった。

放浪と逃避の日々

一九〇八年七月はじめ、アドルフはリンツへ帰郷するクビツェクをウィーン西駅まで見送った。

しっかりと友の手を両手で握りしめ、かすかな微笑でクビツェクをじっと見つめたアドルフは、無言のまま淋しそうに去っていった。

クビツェクは必ずやアドルフが一度は後ろを振り返り、手をふってくれるであろうと、じっと遠ざかってゆく彼を見守ったが、クビツェクを振り返ることもなく、アドルフは雑踏の中に消えていった。これがアドルフとの友情の最後の日になろうとはクビッェクは夢にも思わなかったのである。

そして、総統アドルフ・ヒトラーとの感激の再会（一九三八年四月）まで、丁度三十年の歳月が流れることになる。

さて、一九〇八年夏、ウィーンで大きな成果をあげてリンツへ帰郷したクビッェクは満二十歳になったため、音楽の勉強を中断して軍役を果たすことになる。ウィーンで一人ぼっちになったアドルフからは便りの絵ハガキがたて続けに彼のもとに舞い込んだのであった。

同年秋の十一月二十日、短期の軍役を終えたクビッェクは、ウィーン音楽院での勉学を続行するため、ウィーンへ戻った。アドルフに知らせのハガキを送ってあったので、当然彼がウィーン西駅まで迎えに来てくれるとクビッェクは思っていた。しかし彼の姿はなかったのである。意外に思ったクビッェクは重い荷物を持って、やっとのことでシュトゥムペルガッセの下宿先に着くと、すぐに下宿の女主人ツァクライスにアドルフについて質問した。すると、彼はすでに下宿を引き払い出ていってしまっていた。女主人は彼がどこへ引越していったかも知らされておらず、またクビツェクに何らの書きおきもしていなかったとのことであった。しかし、下宿代は自分の分を十一月まできちんと支払って出ていっていた。

リンツのクビツェク宛ての最後の絵ハガキが、八月十七日付であることから、八月中旬まではウィーンで一人暮しをしていたことがわかる。その後、彼は亡くなった母の郷里シュピタールを訪問する。しかし、姉のアンジェラからはいつものように口うるさく、彼の生き方に手厳しい批判をあびせられたのである。「一体いつになったら、一人立ちできる地道な職業を身につけるのか」というおきまりの叱責に耐えかねたアドルフは、逃げるようにしてシュピタールを後にし、ウィーンへ舞い戻ったのであった。

そうしてまもなく美術学校の二回目の試験に臨み、落第するのである。言いようのない挫折感から途方に暮れた彼は、逃避の道を選ぶことになる。

その年、一九〇八年九月に異母姉や妹パウラ、親戚と関係を断ち切ったアドルフは、しばらく一人で下宿生活をした後、短期の軍役を終えたクビツェクが再びウィーンの音楽院での勉学を続けるために、下宿へ戻ってくる直前、彼はクビツェクとの再会を意図的に避け、下宿を引き払って姿をくらましたのである。しかし、夜逃げをするといったようなことはなく、彼らしく自分が払うべきものはきちんと宿の女主人に支払って去っていった。彼は父母から相続した何がしかの金をまだ持っていたのである。

一九〇八年十一月十九日、つまりクビツェクが下宿へ戻る一日前、下宿を去ったアドルフは、ウィーン西駅に近い、ウィーン市第十五地区のフェルバー通り二十二番地に学生として新たに一人の下宿生活をはじめた。音楽院でよい成果をあげ、軍役を終えて再び希望に満ちて勉学を再開する友のクビツェクに再会するには、自分があまりにもみじめだったからであった。

しかし、姿を消したのは決してそれだけの理由ではなかった。彼はオーストリア人男子として満二十歳になると兵役登録義務があり、その日（一九〇九年四月二十日）が近づきつつあることを意識して、誰にも居所を知らせず、官憲から姿をくらますことを考えたのであった。はからずも、誰にも会いたくないという彼の打ちひしがれた気持ちと、兵役忌避の考えが同時進行していたのである。したがってアドルフは軍役義務が発生する一九〇九年四月へ向けて、転々と居場所を変えていたのである。

彼が忌み嫌っていた諸民族混淆の斜陽オーストリア・ハンガリー帝国に軍役奉仕をする気になれなかったからである。

誰も知らないウィーン西駅近くのフェルバー通りに一人で生活している間に、アドルフは満二十歳の誕生日を迎えている。後々彼が一九二四年に著した『わが闘争』上巻で、この一人孤独の時期に読書と勉学に明け暮れる生活をし、自分の世界観を形成する学識を身につけたと述べているが、これは後の粉飾であり、当時彼の将来を定める思想はかたまっていなかった。この時期に彼がどんな本を読み、何を学んだかについては明らかでなく、それを裏付ける資料もない。

一九〇九年八月二十一日、フェルバー通りの下宿を引き払ったアドルフは、そこから遠くないウィーン第十四地区のゼクスハウザー通り五十六番地の三階に居所を移している。

そして、更にその二十日後の九月十六日にはその下宿から姿を消しているのである。今回は下宿の女将、アントニー・オーバーレヒナーも知らないうちにいなくなっていた。歴史家A・ヨアヒムスターラーは、たぶんこの時アドルフが経済的にもゆき詰り、家賃も払わず姿を消したのではないかと推測している。しかも、彼がゼクスハウザー通りの下宿から姿を消した時、彼はオーストリア官憲に住所変更の通告もしなければ、またいずれ受けなければならない兵役検査にしたがうつもりもなかったのである。

その九月十六日以降、翌年一九一〇年二月八日にメルデマン通り二十七番地の男子独身者寮（メンナーハイム）にきちんと登録して定住生活をはじめるまでの五ヶ月近い期間における アドルフの所在については、不明な点が少なくない。

失意のどん底に陥った彼は、何をしたらよいかわからず途方に暮れたものの、かといって兵役義務に服するつもりも毛頭なかった。その手段として所在不明、住所不定の放浪生活をはじめたのである。

この間のアドルフについての唯一の手がかりは、彼が浮浪者収容所で知り合ったラインホールド・ハーニッシュという男の証言である。

「それは一九〇九年秋のことであった。私が……（ウィーンの）マイドリングの浮浪者収容所を訪ねた時、並んでいた左側の列に一人の疲れ果てた足どりのやせた若者がいた。私はまだ農民からもらったパンを持っていたので、彼に分け与えた。……彼はドイツ（へ行くこと）に憧れていた。……それから数週間、われわれはしばしば一緒に（浮浪者収容所で）過ごすことになった。……私は日雇いの仕事を探して日々のパンを稼いでいたが、私の隣人ヒトラーは殆んどいつもスープを（無料で）出してくれる施設へ行っていた。初雪が降った時、われわれは雪かき人夫として金を稼いだ。私の度々の勧めでヒトラーは姉に送金依頼の手紙を書いた。彼は冬のコートも持っておらず、可哀想にしばしば冷えきって青ざめていた。彼の姉（多分異母姉アンジェラではなく、叔母のヨハンナ・ペルッル）は彼に五十クローネの送金をしてくれた。そして彼は一九〇九年十二月のクリスマスには、ウィーン第二十地区のメルデマン通りの男子独身者寮へ移った」（『ミュンヘンのヒトラー』、四九頁）と。

このハーニッシュの証言によれば、アドルフは一九〇九年秋からクリスマスまでの三ヶ月間浮浪者収容所に出入りしていたことになる。

しかし、その期間ずっと浮浪者収容所を頼りに生活していたかどうかは確認できない。アドルフは全く無一文の生活をしていたわけではないのであるから、一時的にどこかで止《し》宿《しゅく》したり、あるいは本当にどこかで野宿していたこともあったという推測や意見もある。

書面、資料で確認できるのは、ハーニッシュの証言よりも一ヶ月も遅れ、一九一〇年二月八日、アドルフがメルデマン通り二十七番地の男子独身者寮に入居したということである。したがって、彼は事実として五ヶ月間、浮浪者のような住所不定の生活をしていたことになる。

彼が利用した浮浪者収容所は、シェーンブルン宮殿に近いウィーン西南の第十二地区にあったもので、オーストリア皇帝フランツ・ヨーゼフの保護・奨励のもとにユダヤ人富豪の財政援助により慈善事業団によって運営されていた収容所で、浮浪者には宿泊が許され、夕食としてのパンとスープが支給され、シャワーを浴び、服を消毒する機会が与えられた。しかし日中、収容所は閉鎖されることになっており、浮浪者は朝になると全員が収容所を出なければならなかったのである。

ハーニッシュが伝えているように、またアドルフ自ら『わが闘争』上巻でも述べているように、当時彼ははじめて日雇い人夫的な労働に従事し、日々のパンを稼いでいたことがわかる。

こうした五ヶ月に及ぶ彼の浮浪者のような住所不定の生活は、将来への展望を見失い、どうしてよいかわからないまま、兵役忌避のために姿をくらますための意図的なものだったのである。

マイドリングの浮浪者収容所では名前や生年月日、身分証明書を提示することは要求されなかったので、アドルフにとって不本意ながら都合のよい施設であった。

しかし、数ヶ月に及ぶ放浪生活は、二十歳の青年アドルフに言いようのないみじめさを味わせたのであり、否定的、悲観的な人生観、現実の世界に対する憎悪の念を植えつけていったのである。

「ウィーン、多くのものには悪意のない歓楽の縮図と考えられ、遊び人には華やかな場所と考えられるこの都市が、わたしには遺憾ながら自分の生涯のいちばん哀れな時代を、さまざまと思い出させるだけである。今日でもなおこの都市は、わたしに悲しい思いを起こさせるだけである」(『わが闘争』上、四六頁)というアドルフ・ヒトラーの回想は、彼のウィーン時代の様子をよく表現している。

絵を描く生活

亡き母の妹、叔母ヨハンナ・ペルッルから仕送りを受けながら、放浪の生活をしばらく送ったアドルフは、ウィーン市北東にある第二十地区のメルデマン通りにある男子独身者寮に落ち着く。

「これからどうしたらよいか自分自身でもわからない」ともらしていた時のアドルフを浮浪者収容所で見ていたハーニッシュは、「あの時の彼ほど哀れをさそう若者の姿を見たことがなかった」(『ミュンヘンのヒトラー』、五一頁)と述べている。

しかし、公共の有料で清潔な福祉施設の寮に入ることにより、彼は新しい生活への道を切り開いてゆくことになるのである。みじめな浮浪者達とざこ寝をする生活をしていたアドルフが、四平方メートルほどの個室を与えられて寝起きできるようになったことは、彼の精神状態を刷新し、新たな生活への力を見出すことにつながっていった。この男子寮では長期滞在ができ、かつてアドルフが支払った下宿代とほぼ同じ十クローネで一ヶ月住むことができ、図書館、読書室、食堂、風呂場、洗濯場、理髪、仕立て、クリーニング、セントラル・ヒーティングなど、快適な生活をするための設備が全て整っていたのである。共同の台所での自炊すらできた。しかも、アドルフの好む清潔と秩序、平静がこの寮のモットーであった。常時四百人から五百人を収容していたメルデマン男子寮には、学士（アカデミカー）や軍人将校すら住んでいた。但し、入居の条件は身寄りのない十五歳以上の独身男子で、年収が千五百クローネ以下の者ということになっていた。居住者のための専属医師もおり、寮長とともに寮内の秩序と清潔を厳しく監視していたのである。

不潔と悪臭、みじめさに満ちていた浮浪者収容所に比べ、アドルフにとってこの寮は夢のように居心地のよい場所であった。

しかし居住者は日中、労働や仕事に従事することが原則とされたため、自分の部屋だからといって個室に一日中ゴロゴロしていることは許されず、寮内に留まる者は読書室や図書館、休憩室などで過ごさねばならなかった。定職のなかったアドルフは、日中図書館で過ごすことが多かったので、彼専用の机と椅子が決まるほどであった。彼の専用になった机と椅子は、寮の仲間からも公認され、幾人かの同居者との仲間関係もでき、共同炊事をするようにすらなったのである。

また、寮に落ち着いた彼は、しばらく中断していた絵を描くことをはじめ、それを仕事とするようになっていった。放浪時代に知り合ったハーニッシュの勧めもあったことや、自活のための収入を得たいという意図もあり、また絵を描き続けることは、美術家として生きようとする彼の実習と修業にもなったからである。

ウィーンの美術学校が彼の才能を認めず、拒否したことにすこぶる不満と怒りの念を常に持っていたアドルフは、将来ミュンヘンへ出て、そこの美術学校で学ぶことも考えていた。

彼は勤勉と節約をモットーとして水彩画を描くことに専念し、また収入を得るため売ることにも力を入れ、毎日できることなら一枚の小さな絵を描き上げることに力を注いだのであった。熱中すると、われを忘れるほど集中力のある彼は、絵ハガキや版画、写真などをモデルにして、メルデマン寮の読書室や休憩室で、縦三十四センチ、横四十五センチほどの水彩画を朝から描きはじめ、午後には完成させたのである。彼の水彩画の殆んどはウィーンの建築物から採ったもので、ウィーンの古都の姿、大聖堂やカール教会、数々の記念建築物、市場の様子からのものであった。

ある時は同じテーマのもの、例えばウィーンの国会議事堂などを続けて何枚も仕上げることもあった。つまり現場へ赴いて、そこで実物を観察しながら、じっと描いてゆくといった一枚一枚がオリジナルな作品ではなく、モデルをもとにしたコピーをたくさん描いたのであり、真の芸術作品といえないものが多かった。それは発注に応じるためでもあった。実際、アドルフの水彩画の売れゆきは決して悪くはなかったのである。出来上がったものを彼はウィーン第一地区の画商のところへ届けたが、その度に何らかの注文をもらうのが常であった。

そのうち浮浪者施設で知り合ったラインホールド・ハーニッシュが、アドルフの作品を持って画商や愛好家、医者、弁護士などを訪問して売りさばくようになり、売上げを折半したのである。こうして節約家の彼はまもなく自らの収入で自活できるようになっていった。

毎日といってよいほど仕上げた小型の絵は、一枚三クローネから五クローネで売れたため、生活費を除いても預金ができるほどであった。画商や愛好家が次々と買い上げてくれたわけであるから、たとえ模写の作品であっても、決してできは悪くなかったはずである。顧客の画商や愛好家にはユダヤ人も少なくなかった。

礼儀正しく清楚で控え目なアドルフは、次第にメルデマン寮で名声ある住人になっていった。寮の模範的な住人として寮監より名指しで褒められるほどであった。

「当時、わたしはすでにちっぽけな図工兼水彩画家として一本立ちして生活していた。これは儲けの点ではひどかったが――実際にそれはかろうじて生活に足りた――。しかし、わたしの選んだ職業としてはよかった。……わたしはパンを得るために描き、よろこびのために学んだ。……同時にわたしが燃えるような熱意で建築学への自分の愛情を捧げていたことはもちろんであった。建築学は音楽と並んで芸術の女王のように思えた。……こうしてわたしの美しい未来の夢が長年月かかるかも知れないが、実現されるであろうとの信念を強めたのであった」(『わが闘争』上、六三―六四頁)。

一九一一年五月四日付の書面で、満二十二歳になったアドルフは、「一九一三年四月まで自分に保障されている孤児年金(月額二十五クローネ)を断念し、妹パウラに譲渡したのも、自活に自信がついたからに他ならなかった」(『わが友ヒトラー』、一五〇頁)。

絵を描くということで、彼の目指していた職業の仕事で生活ができるようになったということは、彼にとって長年の夢が一部実現したわけで、暗いウィーン生活の中で彼が希望に輝いた瞬間だったのである。

一九一〇年から一三年の三年にわたり、ミュンヘンへ赴くまで、メルデマン男子寮の住人として描いた水彩画や建築物のスケッチなどは、後々アドルフ・ヒトラーが総統になって権力の絶頂にあった頃になると、非常に高価な値で取り引きされるようになっていった。

一九三八年、ミュンヘンの美術品競売店「ヴァインミュラー」では、ヒトラーの絵が六千から八千ライヒスマルクで取り引きされていた。ヒトラー水彩画の収集家として有名なハインリッヒ・ホフマンは、「戦時中（第二次大戦中）、ヒトラーの水彩画は最高三万ライヒスマルクで取り引きがなされた」（『私の見たヒトラー』、H・ホフマン著、一五一頁）ことすら伝えられている。ヒトラーの名を借りたにせの水彩画すらたくさん出まわっていたのであった。

とにかくウィーンでの二年間に及ぶ失望と放浪の後、メルデマン寮に落ち着いた三年間の生活は、芸術家、建築家を目指すアドルフの将来に光を投げかけた時期だったのである。

オーストリア・ハンガリー帝国の衰退——政治的関心への目覚め

絵を描くことで何とか自活の道を見い出していったアドルフは、一九一〇年の秋頃から次第に政治問題についても考えをめぐらすようになっていった。

ウィーンの宮廷劇場に通いつめ、多くの華やかな建造物などに感動して、すっかり芸術の都ウィーンを体験してはいたものの、失意と放浪の生活を通して彼はウィーンの裏面に漂うみじめな人々の生活の実態、政治社会問題などに関心を向け、観察するようになっていた。

すでに実科学校時代から歴史に興味を持ち、ドイツ民族の国家に関心を寄せていたアドルフは、当時の多民族国家であるオーストリア・ハンガリー帝国(一八六七—一九一八年)の在り方にきわめて不満であった。

「ドナウ国家は、ドイツ人を犠牲にしなければ決して維持できないであろうし、……このとうてい国家たりえず、一千万ものドイツ人に死刑の判決をくだすようなことをしている国家は、崩壊するに違いないとわたしは確信し、その傾向を望んでいた。言語的混沌が議会をダメにし、分裂させればさせるほど、このバビロンのような国家の滅亡の時期が近づき、それとともにまた、わがドイツ系オーストリア民族の解放の時期も近づくに違いなかった」(『わが闘争』、ドイツ語版、三九頁)。

このウィーン時代の回想には多分に脚色があると言わなければならないが、それでも早くからドイツ民族主義的思想に傾倒していたアドルフにとって、ウィーン時代にまざまざと体験した諸民族の混在、諸言語の混乱のもとにあったオーストリア・ハンガリー帝国は、少なからず彼の嫌悪の対象になっていたのである。後々のアドルフ・ヒトラーの人種的狂信主義(ラッセンファナティズム)は、明らかにこの若きウィーン時代にその源を発している。五千万の人口からなる当時のドナウ帝国、オーストリア領域における人口三千五百万のうち、ドイツ語を話す国民は三十五パーセントにすぎず、チェコ語二十三・八パーセント、ポーランド語十六・六パーセント、ウクライナ語十三・二パーセント、その他ハンガリー語、ルーマニア語、スロベニア語、イタリア語などが話されていたのである。それに帝国の半分を占めるハンガリーにはマジャール人を中心にスロヴァキア人、クロアチア人、セルビア人、ルーマニア人などが混在していた。

そして十九世紀後半以降、首都ウィーンにはこれらの諸言語を使う多種の民族が流れ込み、アドルフが見聞したように、まさに諸民族、諸言語そして諸文化のカオスを形成していたのであった。それに加えて、ロシア、東欧でのポグロム（迫害）を逃れて流入してきた東欧ユダヤ人の数が急増し、アドルフのウィーン時代には、市の二パーセントであったユダヤ人の人口は、その四倍以上にはね上がり、路上で異様な雰囲気をかもし出すとともに、反ユダヤ的風潮も盛り上がっていたのである。

元来ドイツ民族の伝統であるハプスブルク王朝の国、オーストリアのこうした状況は、彼にとって民族的血統の恥（ブルートシャンデ）であり、また文化的恥辱（クルトゥーアシャンデ）以外の何ものでもなかった。

ウィーンの帝国議会でもドイツ民族は常に少数派であり、時とともに議会におけるドイツ人勢力は絶えず弱体化、後退しつつあったのである。

こうした実情を目の当たりにした多感な青年アドルフが、オーストリア・ハンガリー帝国の在り方を恐ろしく嫌い、そうした諸民族混淆の帝国の衰退、崩壊を熱望したのは当然であった。

外国語を学ぶことが大嫌いであったアドルフが、ウィーン市内で常に耳にしていた諸々の外国語に非常な不快感、嫌悪感を抱いていたことも十分予想できる。

「わたしがこの都市に長く住めば住むほど、この古いドイツ文化の地をむしばみ始めた異民族混淆に対する憎悪の念がますます高まってきた」（『わが闘争』上、一八五頁）と。

多くの歴史家が指摘しているように、アドルフが兵役義務を忌避し、姿をくらまし、浮浪者生活までも敢えてした背後には、そうしたオーストリア・ハンガリー帝国の雑然とした状況に対するアドルフの嫌悪感があったといえよう。


シェーンブルン宮殿の庭園でベンチにすわり、読書や詩作、もの思いにふけるのを常としていたアドルフは、護衛兵つきの馬車に乗った皇帝フランツ・ヨーゼフ一世（在位一八四八—一九一六年）が、時々通り過ぎ去ってゆくのを遠くからながめていたのである。

このオーストリアとハンガリーの皇帝を兼ねるフランツ・ヨーゼフ一世のもと、ドイツ、マジャール、アラブ三民族を軸とする諸民族混淆の対外・対内問題は複雑で、いつ爆発するとも知れない危機を内包していた。日露戦争（一九〇四—〇五年）に敗れたロシアが満州進出を断念せざるをえなくなった結果、その進出のほこ先を再度バルカン半島へと向けていたため、汎スラブ主義の盟主ロシア帝国と汎ゲルマン主義のドイツ帝国との対立が、オーストリア・ハンガリー帝国の背後で一段と高まりつつあったからである。

もともと普墺戦争（一八六六年）に敗れ、国家秩序の再建維持を迫られたオーストリアが、マジャール人と妥協して建てたオーストリア・ハンガリー二重帝国は、外交、財政、軍事をともにするものの、政府、行政、議会はおのおの個別に行われるという間に合せ的で、不統一な帝国で、誰が見ても長続きする体制とは思えなかったのであった。

ハプスブルク帝国の実情を知れば知るほど、この帝国に対するアドルフの拒絶反応は高まるばかりであった。彼にとってハプスブルク帝国の問題解決は、ドイツ民族国家、ドイツ文化の伝統への帰属以外にはありえなかったのである。

「わたしが特に（この帝国の）外交問題に没頭するにつれ、この国家構造は、ただドイツ主義にとって不幸になるばかりであるという確信が、ますます固まっていったのである。……ドイツ国民の運命はもはやこの地（オーストリア）から決せられるのではなく、ドイツ帝国自体において決せられるのだ、ということが一層はっきりしてきた。しかしこれは、……政治問題のみならず、文化生活全般のあらゆる現象に対してもあてはまったのである」（『わが闘争』上、一八三頁）。

『わが闘争』におけるこの回想（一九二四年）のように、アドルフが果たして当時すでにそうはっきりと確信を持っていたかどうかは疑問であるが、ほぼそうした考えを彼はすでに当時持っていたと見るべきであろう。

こうした政治問題への傾倒とともに、アドルフの心を痛め、ウィーン時代を暗いものにしたのは、ウィーンの裏町で演じられていた労働者、失業者、浮浪者の実態であった。自分が身をもって体験した浮浪生活で、ウィーンの社会問題に大きく目を開いたアドルフは、数多い浮浪者や失業者の群れ、非人間的な状況下で生活する貧しいあわれな労働者達の様子を十分見聞したのである。

そういえば、彼がウィーン生活をはじめてまもなく、壮麗なウィーンの歴史的建築物に感動してスケッチしたり、水彩画を描いていた時、そうした立派な建物の周辺には、いつも数千人の失業者や生活のあてのない浮浪者の群れがたむろしていたのを何回となく見ていた。

保守反動のメッテルニヒ体制が崩壊（一八四八年）し、市民による政治がはじまると、十九世紀後半以降の産業革命と市の発展のもとで、生活と職場を求めて流入した多大な数の農民により、ウィーン市の人口は、四十五万人（一八五〇年頃）から、アドルフのウィーン時代には二百万人以上に激増していた。そしてまともな生活や職場からあふれた人々の群れとその哀れな姿は、彼のウィーン時代のみじめさを一段と深いものにする大きな要因となったのである。

「ウィーンは世紀が変わってから、社会的に不健全な都市に属していた。輝かしい富というべき貧困とが互いにきわだって交錯していた。……高級士官、官吏、芸術家や学者の軍勢に対し、もっと大きな労働者の軍勢が対立しており、貴族主義と商業の富に血のにじむような貧困が対立していた。……社会問題を研究するのにウィーンほど良い都市はドイツでは他になかっただろう」(同、四九頁)。

あてもなく歩き回る習慣を身につけていたアドルフは、ウィーンのいたるところで、みじめで、哀れな場面に出くわしていたのである。

「ウィーンはわたしにとって最も厳しい、しかし最も徹底した人生の学校であった。今でもそうである。わたしはこの都市にまだ半ば若くしてはじめて足を踏み入れた。そして冷静で厳粛な人間になってこの都市を去った」(同、一八六頁)と。

ウィーンで政治、社会、民族問題に大きく目覚めたナショナリストのアドルフは、母国オーストリア・ハンガリー帝国の在り方に失望して見きりをつけ、憧れのドイツ民族の都ミュンヘンへ赴くことになる。ドイツ文化の伝統が疎外されているウィーンで芸術家として身を立てる気にもなれなかったからである。また自分で納得できない母国の体制下で軍役に服する気にもなれなかったので、それから逃れたいという意図もあったに違いない。

影響を及ぼした人々

若い青年時代をウィーンで過ごしたアドルフは、「自らの世界観の基礎、政治の見方を学び、それが以後の彼の政治活動の確固たる基本になった」と述べ、「自分が作り上げたその世界像、世界観以上に学ぶべきものはなく、その後個々に補足を加える必要があっただけである」（同、四七、一八七頁）ことを主張している。しかし、本当にそうだったのであろうか。

彼がウィーン時代に熱心に読書し、雑誌や新聞などにもよく目を通し、その時々の思潮について関心を示し、いろいろと考えをめぐらしていたことは十分推量できるが、実際に何を学び、どんな思想から影響を受け、どんな世界観に到達したかについてはいろいろと議論されているが、具体的に確実なことはわからないのである。

しかし、彼の人種論や反ユダヤ主義、反ボルシェビズムや闘争意識、冷酷な生か死かの世界観などは、まだウィーン時代には形成されていなかったことは確かである。だがそこに何がしかの出発点や源泉を見い出すことはできるのである。

アドルフ自身関心を寄せた数名の人物の名をあげて述べていることや、たくさんの読書や雑誌、新聞などを通していろいろな人物の主張や思想に深い関心を寄せていたことは疑いない。

当時ウィーンで一般に広く読まれていた新聞といえば、『日刊紙ウィーン』や『ドイツ国民新聞』、またカトリック系新聞の祖国紙『ダス・ファーターラント』や汎ドイツ紙『アルドイッチェス・ブラット』などであった。

アドルフはこれらの新聞によく目を通し、自分の関心のあるテーマについて学び、考えを深めていったのである。その場合、彼は彼特有の方法で読みあさっていた。「読書とは一字一句全てを読むべきものではなく、自分の考えや思想に役立つもの、価値あるものを分類、整理し、採り入れることにより、自らを高め、自らの思想や世界観、信念をより確かなものにするための手段なのである」(同、六五―六七頁)。

アドルフに接した人々が、みな口を揃えて、彼を大変な読書家といっているが、体系的な読書ではなく、拾い読み的な読書法であったと理解すべきであろう。

ウィーン時代のアドルフが評価し、少なからずその影響を受けた人物として、彼は汎ドイツ主義者ゲオルク・リッター・フォン・シェーネラー（一八四二—一九二一）と、当時のウィーン市長カール・ルエーガー（一八四四—一九一〇）をあげ、詳しく述べている。この二人の人物はアドルフの同時代人であり、当時汎ドイツ主義、反ユダヤ主義で名前を知られていた政治家である。

シェーネラーはオーストリアの議員として、オーストリア・ハンガリー帝国の衰退を憂慮し、オーストリアの救済をドイツと結びついた汎ゲルマン主義によって実現しようとした人であり、アドルフはこの人物に深く心酔し、傾倒していた。またシェーネラーは「ドイツ農民はユダヤ人とスラブ人によって危機にさらされている」として、ドイツ民族の結束を強化するため、オーストリアにおけるドイツ民族運動を組織していたが、アドルフはこのシェーネラーによる運動にも同調し、同感したのであった。

また、この汎ゲルマン主義者のユダヤ大資本に対する攻撃と、ユダヤ人に対する人種的反感にも若いアドルフは共鳴していたのである。カトリック教会と固く結びついて、諸民族混淆の帝国を許してしまっているハプスブルク王朝に対するシェーネラーの糾弾は、広く一般の支持を得られなかったものの、小農民、貧民、労働者に対する彼の一貫した支援支持は、多くの大衆の共鳴を得ていた。

アドルフがウィーンでの定住をはじめた時、すでにシェーネラーは汎ゲルマン主義政治運動から退いてはいたが、彼の思想はオーストリア国内のドイツ民族の強い支持を得た運動として、当時なお盛んだったのであり、若いアドルフはこの政治家から忘れがたい感化を受けたのである。

他方、ウィーン市長のカール・ルエーガーは、アドルフがはじめてウィーンへ出てきた一九〇五年には、すでに十年近く市長職にあった人物である。この市長はキリスト教社会党を率いて労働者、農民、庶民を保護する政策を強力に展開し、人気の絶頂にあった政治家であった。

民主主義発展期のオーストリアにおける政治運動が身分の高い貴族や富裕な市民によって担われていたのに対し、ルエーガーは、はじめて民衆を政治活動に巻き込み、現実の政治や大資本家の支配に対する反感を、社会主義ではなく、キリスト教的、民族主義的、保守的運動に高めることに成功した政治家であった。小市民、下層労働者の救済に努め、独占資本による経済支配の打破、高利貸し取締り法の強化、労働者の労働条件の改善、小農民の保護を信条としたルエーガーの政治は幅広い支持を得ていた。

「自由経済という残酷な競争のもとでは、裕福なユダヤ人だけが勝利を収める。それゆえに貪欲な資本主義からキリスト教人民を保護しなければならない。反ユダヤ主義とは……圧迫されたキリスト教人民が、教会と国家に対して救いを求める叫びである」（『アドルフ・ヒトラー』、一九頁）とルエーガーは述べているように、大資本家ユダヤ人に激しい攻撃を加えていた。しかし彼の反ユダヤ主義は「人種」としてのユダヤ人に対するものではなく、一部の資本家ユダヤ人に対する非難であった。

この市長が名演説家であり、行動力のある人物であったこともアドルフに共通するものがあった。生涯を独身で通し、確信に満ちた態度は、女性の間で多大な人気と支持を得ていた。若いアドルフがこのルエーガー市長から意識、無意識のうちにかなりの感化を受けたことは間違いないといえよう。たとえ後々、彼はルエーガーの政策やキリスト教的反ユダヤ主義を誤りであったと批判しているとしても、ウィーン時代の彼は「偉大なる政治家としてルエーガーを崇敬」（『わが闘争』上、一八一―一八二頁）していたのである。

反ユダヤ主義への傾倒

ウィーン時代のアドルフが、当時反ユダヤ的な風潮を少なからず見聞していたことは疑いない。しかし彼が『わが闘争』で述べている「わたしがいままで内心で経験してきた最も大きな転換の時期がやって来た。わたしは弱々しい世界市民から熱狂的な反ユダヤ主義者になった」（一〇五頁）という確信に満ちた主張は、もちろんウィーン時代のものと理解すべきではなく、そのずっと後年の信念に基づく発言といわなければならない。

資料をたどってみる限り、一九一九年九月以前におけるアドルフ・ヒトラーの反ユダヤ的発言は全くないのである。それゆえ「熱狂的な反ユダヤ主義者になった」という発言がずっと後年になってからのものであることは明らかであり、『わが闘争』をランズベルクの拘置所で著した一九二四年時点のものなのである。しかし、この著作には彼のウィーン時代におけるユダヤ人についての貴重な体験や見聞が豊富に語られている。

あてもなくウィーン市内を途方にくれてうろつき、歩きまわっていた時、路上で多くのユダヤ人に出会い、その姿に接してユダヤ人の存在を改めて意識し、観察するようになる。また当時の反ユダヤ的風潮にも次第に関心を寄せるようになり、反ユダヤ雑誌を買って読んだりして、ユダヤ人問題に目覚めていった。

アドルフの供述によれば、彼は五年余りに及ぶ第三回目のウィーン滞在（一九〇八―一三年）の間、三年目に反ユダヤ主義者に転向した、と述べている（同、九三頁参照）。だとすれば、放浪生活をした後、メルデマン通りの男子独身者寮に落ち着き、画家としての生活をはじめた一九一〇年二月以降ということになる。

彼は反ユダヤ主義に傾いた理由として次のことをあげている。

一、シオニズム運動におけるユダヤ人の危険な国際的、民族的結託（世界支配をもくろむユダヤ人）

二、道徳上の不正、破廉恥なことへのユダヤ人の関与

三、路上での闇取引や不正な仕事、不潔、不快な臭気

四、新聞、芸術、文学、演劇等の分野でのユダヤ人支配

五、嫌悪すべき社会民主党のジャーナリズム、政治家、労働組合のユダヤ人支配

六、文化破壊者としてのユダヤ的マルクス主義等々　（同、九三―一〇六頁参照）

しかし、アドルフが画家として生活をはじめた一九一〇年以後、ウィーンでそのような確固たる反ユダヤ主義者になっていったことを裏付ける証言は何もないのである。三年に及ぶ寮生活において、彼がそういった反ユダヤ的発言を寮仲間に少しでもしていたということも全く伝えられていない。彼が描いた水彩画を売り歩いた仲間のハーニッシュも、当時アドルフが反ユダヤ的であったということを少しももらしていない。

つまり、彼の言う「三年目（一九一〇年）に反ユダヤ主義者に転向」というのは、全て

アドルフによる後々の脚色なのである。

もちろん、彼のユダヤ人についてのウィーンでの数々の見聞や体験が、後の反ユダヤ的な考えや思想の源泉になっていることは疑いない。しかし、アドルフが反ユダヤ主義者を自認し、発言するようになるのには、まだ十年近くも必要としたのであった。

失意と憎悪と冷酷と

アドルフは、ウィーン時代を「生涯でいちばんあわれな時代」であり、「悲しい思いを起こさせるだけ」の時期として回想している。しかし、それはまた「最も苦しい、最も根本的な人生の学校（グリュントリヒステ・シューレ・マイネス・レーベンス）」でもあった。また若者として、いろいろなことを学び、考え、多くの見聞、体験により、「世界観の基礎」や「政治の見かた」を身につけた場所と時期でもあったのである。

十八歳から二十四歳までの若きウィーン時代のアドルフについて総括してみると、次のように箇条書きできよう。

一、この上なく愛した母を亡くし、よりどころを失った悲しみ

二、美術学校入試に二度落ち、長年夢みた正統な美術家への道を閉ざされた失意
三、親族や唯一の友クビツェクとの関係を断って過ごしたきわまりない孤独感
四、何をどうして生きていったらよいかわからず、途方に暮れ、さまよった六年間
五、周囲の世界に目覚め、社会をじっと見つめ、政治問題への関心を深めた
六、ウィーン市とオーストリア・ハンガリー帝国における民族混淆の状況を嫌悪し、ドイツ民族主義的な考えをより一層固める
七、ユダヤ人問題に注目し、観察を深め、次第に反ユダヤ的考え方に傾倒していった
八、自分が望んだように受け容れられなかった社会や体制に対する不満、怒り、憎悪
九、雑多な読書や、いろいろと考え思いめぐらすことにより、自分のおかれた希望のない、みじめな、うちひしがれた状態の中で、次第に否定的、悲観的な人生観、世界観へと傾いていった
十、自分自身に対する失望と不満と怒りと自己嫌悪のもとで、冷酷、辛らつな考え方、思想を自らのうちに形成していった

十八歳から二十四歳までのアドルフの多感な失意のウィーン時代は、残酷無比で過激な

偏見と実質のない主義主張、壊滅的な世界観と行動を生み出す根源となっていったのである。

若い彼に早くからの夢であった美術家、建築家への道が開かれていたなら、どれほど多くの人類史上の悲劇が避けられたであろうかは、多くの歴史家が述べるところである。結局、アドルフは職業を身につけることもなく、将来への道も定まらないまま、無為のウィーン生活を送った後、兵役忌避の意図も手伝ってミュンヘンへと移ってゆくことになる。

また、嫌気のさしていたウィーンを去ることを彼に決意させたもう一つの理由は、一九一三年五月十六日付で国の孤児金庫から両親や叔母の残した遺産の八百クローネ以上の大金を受け取ることになったからでもあった（『アドルフ・ヒトラー』、一五二頁、『人間としてのヒトラー』、一〇九頁参照）。一人で一年間はゆうに生活できる資金を受け取ったアドルフは、かねてからの憧れの都ミュンヘンへと向かったのであった。

第三章　幸せなミュンヘンでの日々と戦場の勇士

南ドイツの伝統的、保守的カトリックの都ミュンヘンこそ、青年アドルフの思想、闘争の世界観形成の場となり、過激な行動の出発点、地盤となった都会である。

「この世界中の他のどの場所よりも愛着をおぼえているのは、この都市がわたし自身の生活の発展と不可分に結びつき、結びついたままでいるという事実にその基礎がある」(『わが闘争』上、一八九頁)。

文化と芸術の誇り高い、そのミュンヘンで画家として再出発し、幸せな日々を送りつつも、第一次世界大戦の勃発とともに、軍役義務から逃げまわっていたアドルフは、突如として戦場の勇士となってゆく。そして四年数ヶ月の戦場における生死の戦闘を生きぬいたアドルフは、すさまじい戦争の体験から弱肉強食の世界観、生か死かをかけた冷酷な闘争の原理、理念に傾倒してゆくことになる。

敗戦後のミュンヘンこそ、青年アドルフのその後の思想形成と全ての行動の発端となるのである。

画家としての幸せな日々

すでにウィーンで絵を描いて売り、生計を立てることの習性を身につけていた二十四歳のアドルフは、ミュンヘンへやって来ると、すぐに絵描きの仕事をはじめた。

ドイツとの国境バイエルンに接したライン川沿いの町ブラウナウで生まれたアドルフにとってミュンヘンは、距離的にも、民族的にも、方言的にも、ウィーンよりはるかに身近で好感のもてるドイツの都市だったのである。街で耳にするバイエルン方言のドイツ語は、殆んど彼の話すドイツ語に近く、それだけでもミュンヘンは、彼に親近感と安心感を与えてくれるところであった。

少数派のドイツ民族が、ハンガリー語やスラブ系の様々な言語がゆき交う中で生活しているウィーンとは全く違う雰囲気が漂っていた。

ワーグナーの作品に早くから心酔し、ドイツ民族主義的な考えを持っていたアドルフが、ミュンヘンに来たことを大きな喜びをもって受け止めたのは当然であった。

「ミュンヘンを知らざればドイツを見ないばかりか、いやミュンヘンを見ないものは、第一にドイツ芸術を知ることはできないのだ。いずれにしても（第一次）大戦前のこの時代は、わたしの生涯のいちばん幸福な、この上なく満足な時代であった。……わたしの知っている他の土地よりもずっとわたしをこの都市にひきつけた内心の愛着があった。ドイツの都市だからだ！　ウィーンにくらべて何という違いだろう。この多種族のバビロンの都市を思い出すだけでも、胸が悪くなった」(同、一八八頁)。

一九一三年五月二十四日、土曜日午後ウィーン西駅を発ったアドルフは、翌五月二十五日ミュンヘンに着くと、中央駅から遠くない駅の北に位置するシュライスハイマー通り三十四番地の四階に部屋を見つけた。その部屋に、ウィーンから彼と一緒にミュンヘンへやってきたルドルフ・ホイスラー(一八九三年十二月生まれ)と二人で住むことにし、月額二十マルクの家賃を折半することにした。アドルフがこの四歳半年下のホイスラーと九ヶ月間(一九一四年二月十五日まで)、一緒の部屋に同居していたことがわかっているものの、その詳細については殆んど明らかでない。

アドルフの画家としての様子や生活については、数多くの証言が残されており、かなり詳しく知ることができる。ミュンヘンの医師、ハンス・シルマーは、一九一三年夏におけるアドルフとの出会いについて次のように報告している。

「私が夕方ホーフブロイハウスの庭に座ってビールを飲んでいた時、丁度午後八時頃であったろうか、一人の質素な身なりのとても疲れきったような感じのする若者が、小さな油絵を二枚かかえて飲み客の席をまわりながら売ろうとして、私のそばを通り過ぎていったのを見た。そして時計が午後十時をまわったころ、私はその若者を再び目にとめたのであ

将軍廟（アドルフが描いた水彩画）

る。彼の手持ちの油絵がまだ売れないでいるのがすぐにわかった。そこで彼が私のそばにやって来た時、同情の念にかられた私は、彼に絵を売りたいのかとたずねた。すぐさま若者は『はいよろこんで』と答えた。いくらかと問うと、五マルクということであった。ちょっとビールを飲みに来た私は、あいにく三マルクしか持ち合せていなかった。そこで三マルクを先にわたし、若者が後日私宅に残りの二マルクを取りに来る時、その絵を持ってきてほしい旨を伝えたが、彼は三マルクと引き換えに絵を私に手渡し、残りは私宅に取りに来るということになった。三マルクを受け取って去っていった若者は、すかさず庭の売店へ行き、ウィンナーソーセージ二本とパンを買い求め、一人でまたたく間に平らげたのである。しかし、彼はビールを飲むことは決してしなかった……」(『ミュンヘンのヒトラー』、八四頁)と。

医師シルマーのこの証言からすれば、アドルフは非常にあわれで貧しく、やつれはてて空腹をかかえた売れない画家に見えたのである。しかし、他面シルマーはその若者がきわめて高い誇りを持った人物であることも見抜いていた。

上述したように、ミュンヘンに来たアドルフは、決して無一文ではなかった。しかし、やせぎすの青白い彼はいかにも空腹を抱えた、ひもじい画家に見えたのである。非常な倹約家でもあった彼は、酒もタバコもたしなむことなく、夜遊びもせず、いつも質素な食物で生活するのが常であった。

アドルフの住い近くのパン屋の主人ハイルマン(ガーベルベルガー通り五十七番地)は、いつも空腹そうな顔つきをしている彼に同情し、彼を助けようと二枚の絵(旧市庁舎とアルターホーフの建物の絵)を買い、一枚の絵につき二十ライヒスマルクを払ったことを証言している。

またアドルフはミュンヘン市心の目ぬき通りの商店街へ、しばしば絵を抱えて売りに行ったことがいろいろと伝えられている。

「ディナー通りで宝石商を経営していた金加工師パウル・ケルバーのところへ、水彩画を抱えたアドルフはしばしば通った。ケルバーは一九一三年から一四年にかけ、アドルフからなんと二十一枚もの水彩画を買い上げていた。それらの絵は一枚十五から二十ライヒスマルクの値であった。そしてアドルフ・ヒトラーが後に政権を握り、総統になった一九三三年以後、店内にアドルフの絵を掛けて飾ったため、お客が日々殺到し、宝石店内が見物客で一杯になったため、店の外にショーケースを造り、そこに絵を飾らなければならないほどであった」(同、八七頁)。

アドルフが売り歩いた絵は殆んどが水彩画で、みなミュンヘンの記念建築物を描いたものであった。例えば、旧市庁舎、宮廷劇場、ミュンヘンの宮殿、ホーフブロイハウス、アサム教会、ゼンドリンガー門、アルターホーフなどなどである。しかも絵ハガキや写真、ポスターなどの見本を見ながら描くというやり方で、彼は自宅で絵を描いていたのである。描こうとする建物のところへ出かけていって、実物を目の前にして描くということではなかった。殆んどいつも、模範の絵や写真を前にしていた。そして一枚の水彩画を二、三日で仕上げ、それを五マルクから二十五マルクの値段で売っていたことからすれば、アドルフは一ヶ月に十枚近い模写水彩画を描いて売っていたことになり、平均売値がおよそ一枚十マルクから十五マルクだとすれば、一ヶ月に百マルクから百五十マルクの収入があったことになる。

彼自身が所有していた一九一三年の納税証明書によると、アドルフの年収は千二百マルクであったことがわかるが、翌年一九一四年になると、彼の収入はそれよりかなり上まわっていたと推測できる。同居のルドルフ・ホイスラーが出て行った後、一人で下宿代を払っても一ヶ月二十マルクであり、食事代は一日一マルクでやれたこと、またその他の支出を考えても、アドルフは一ヶ月七十マルクもあれば十分生活できたわけであるから、かなりの余裕もあったわけである。つまり画家として自立し、十分生活できるまでになっていた。そのように芸術家として生きる道は、彼が望んだような理想的なものではなかったにせよ、実現しつつあったのである。

失意と嫌悪の中で過ごしたウィーン時代と違い、彼に晴れ晴れとした好感を与えてくれる芸術の都、ドイツ民族の都会ミュンヘンは、アドルフに建築物を描く画家として生きてゆくことを可能にしてくれた街であり、精神的なゆとりと潤いをもたらしてくれたところでもあった。

彼の絵が一枚五マルクからはじまって、次第に二十マルクから二十五マルクでも売れる

アルターホーフ（アドルフが描いた水彩画）

ようになっていった様子は、アドルフの絵を買った当時の人々の証言からもよくわかる。よりよい値段で、しかもより多く彼の絵が売れるようになっていたことは、本人に大きな喜びと満足感を与えるとともに、美術家として生きることへの希望を持たせ、幸福感を味わせたのであった。

当時三千人の芸術家、美術家がひしめいていた文化の都ミュンヘン（『ヒトラー資料集』E・イエッケル、五四頁）で、画家として自活することへの展望が開け、その地盤を確立したアドルフは、それなりに幸せな日々を送るようになっていたのである。

「わたしの生涯のいちばん幸福な、この上なく満足な時代」（『わが闘争』上、一八八頁）という彼の回想は、実感のこもったものであった。

清楚な青年、定まらぬ将来

一九一四年一月厳寒のミュンヘンで兵役忌避の罪に問われたオーストリア国籍のアドルフ（ミュンヘンでは無国籍者、ハイマートロスとして登録していた）は、ミュンヘンの警察官に連行され、オーストリア総領事館へ連れてゆかれた。ミュンヘンでの生活にもなれ、画家として食べてゆくこともできるようになり、経済的余裕さえもてるようになって幸せな日々を送っていた彼にとって、それは大きなショックであった。

この罪から逃れるため、アドルフは四頁に上る長文の申し開きの書面をリンツ市の警察署にしたためたのである（同年一月二十一日付、『ヒトラー資料集』、五三頁以下）。この長い弁解状で彼はできうる限りの言い訳をしている。そこでは兵役義務の発生したウィーン時代からミュンヘンへ来てからの彼自身の生活の様子が長々と語られている。

「私には憂いと困窮のほかに友はなく、永遠にいやされない飢えのほかに同伴者はありませんでした。私は青春という美しい言葉とかつて知り合いになったことがありません。五年ののちになった今日（一九一四年）でも、その時代の思い出は、指や手や足の凍傷のあとという形で残っております。……現在では最悪な状態からは脱しております。最大の困窮のもとにあっても、……私は自分の名誉を真面目に維持しましたし、法律にふれるようなことも全くせず、兵役上の申告を怠ったことを除けば、良心に恥じるところも全くなしに過ごしました。……私（がその申告を怠ったこと）に対しては、なにがしかの罰金によって罪が十分に償えると思いますし、私は喜んでその支払いをすることを拒みません」（『アドルフ・ヒトラー』、一五〇―五一頁）。

この文面にはいろいろなウソがオーバーに書かれているものの、彼のウィーン時代からミュンヘンにかけての生活の向上の様子が、はっきりと読み取れるとともに、アドルフの青年としてのまじめな生活の姿がよく表現されている。

一九一四年二月、ミュンヘンからザルツブルクに出頭し、兵役検査を受けた身長百七十五センチのアドルフは、やせ細っていたため、身体虚弱で不合格となり、兵役義務から解放されたのである。自分の名誉をきちんと守れるような行動と生活をしていたという彼の言い分は、納得のゆくものといえる。

シュライスハイマー通り三十四番地の下宿の女将アンナ・ポップは、アドルフについて、質素ながらきちんとした服装をし、礼儀正しく控え目な青年として好感をもって見ていた。

彼がいつもつつましい、きちんとした身なりをしていたことは早くから知られていた。ウィーン時代に同じ部屋に下宿した友人のクビツェクは、アドルフが毎晩自分のベッドのマットレスの下にズボンを挟んでプレスし、アイロンがけの代りにし、いつもきちんと折り目のついたズボンをはいていたことを伝えている。

「彼はとても礼儀正しく、お茶を入れるための水がほしい時、私どものお勝手に入ってくる際、いつもまず必ずノックした。私は、『どうぞ入って』と大きな声で叫ぶと、ドアを開いた彼は、『入ってもよいですか』と尋ねるほど丁寧であった。私達はいつも台所へ入ってきて座るように言っていたが、彼はそのつど許しを乞うのが常であった。そんな礼儀正しいふるまいはいらないといっても、彼はいつもそうするのであった。私はいまだかつて彼ほどよい礼儀作法（マニーレン）を心得た青年を見たことがなかった。……私の夫は彼に同情し、何回もわれわれのところに来て一緒に食べるようにすすめたが、彼は決してそうはしなかった」（女主人アンナ・ポップの証言、『ミュンヘンのヒトラー』、七四頁）と。

続けてアンナ・ポップはまた次のように伝えている。「時には一週間も殆んど全くヒトラーを目にしないこともあった。彼は隠修士（エレミート）のようにじっと自分の部屋に閉じこもり、読書にふけり、勉強し、仕事をしていた。……朝から晩まで……ヒトラーは私どものところに下宿していた二年間（本当は一年と二ヶ月）を通して誰かが訪問に来たということは、全く記憶にない。彼は何人かの親戚の人についても、一度たりとも語ったことがなかった。……ヒトラーは多くの時間を（ミュンヘンの）国立図書館で過ごしていた。彼はいつも（その図書館から）新しい本を借り出して部屋に持ってきていた。一日中（自宅で）絵を描く仕事をした後、しばしば一晩中読書にふけっていた。どんな本を読んでいるのか私が（部屋に入って）見ると、それらはすべて政治関係のものであった。……」（同、七八―七九頁）と。

殆んど交際する人もなく、部屋に閉じこもって仕事と読書に明け暮れる、礼儀正しい控え目で清楚な青年という下宿の女将ポップの証言は、当時のアドルフの様子を知る上で貴重な資料である。

しかし、アドルフがミュンヘンで全く孤独な生活をしていたわけではもちろんなかった。画家として彼の絵が売れるようになると、彼の顧客である裕福な人々と知り合いになり、幾人かの人とは距離を保ちつつも、交流があったことがわかる。

例えば、彼の絵を買い上げた法律家エルンスト・ヘップ（一九一四年当時、三十六歳）には気に入られ、アドルフは時としてヘップ家へ食事に招待されていたし、また彼が好んだオペラやコンサートの入場券なども贈られていたのである（同、八九頁参照）。法律家ヘップとの交流は末永く続くことになり、アドルフ・ヒトラーが後に政権を握ると、ヘップはナチ体制下のミュンヘン上級財務裁判所の裁判官に取り上げられることになる。

アドルフは絵を描くためにミュンヘンで生活していたのではなく、勉学を続ける生活のために必要なだけ絵を描いたことを強調している（『わが闘争』上、一八八頁参照）が、決してそんなことはなく、職業的な第一の仕事として絵を描いて、売る生活をしていたのである。

ミュンヘンへ来た当初は、三年間美術学校で勉学をする意図を持ち、三年間図面作成などを学んだ後、専門の建築画家（アルキテクトマーラー）として、ミュンヘンの大建設会社ハイルマン・リットマン社に入ることを考えていた。

しかし、彼は美術学校の受験準備もしなければ、実際の受験もしなかった。自力の画家として絵を描く生活をし、そのかたわらいろいろな読書と勉学を自己流にしていたのが実情である。したがって自学自習と読書にいそしんでいたというアドルフの自己主張は、それほど事実に合致しない。多くの政治的な読書をしたといっても、どんな政治書や思想、哲学書を読んだのかについては殆んどわかっていない。少なくとも一定の書物を一貫して読破し、学んだという証言は全く残されていない。『わが闘争』上巻の六五頁から六八頁で述べている彼の読書方法で勉強したというのであれば、多くの政治、思想書から自分の考え方に合致するものを拾い集めるのが彼の読書であったといえる。したがって、すでに二十歳代半ばのミュンヘン時代に、アドルフの政治思想や反ユダヤ主義、闘争の世界観が固まり、形成されていたという『わが闘争』の長い記述は、彼の後々（一九二四年）の回想、脚色であって、当時の事実、実態ではないと理解すべきであろう。

絵を描き売りながらの勉学で、アドルフはいろいろな本に手をつけ、拾い読みをしていたとはいえ、政治活動への考えをまとめるまでには決してなっていなかった。彼が知識人の集まるカフェーに出入りし、盛んに政治論を闘わしたという、そうした事実は殆んど確認できない。

自活ができ、余裕も生まれて、大好きなドイツ民族の文化と芸術の都ミュンヘンで幸せな日々を送れるようになっていたとはいえ、学業を途中で放棄し、二十五歳になっても何の職業や資格も身につけていないアドルフの将来は、全く定まっていなかった。

自称《建築画家、アルキテクトマーラー》という身で生活してゆく可能性を見い出したものの、遠大な夢と野心を内に秘めていた彼は、決して満足していなかったし、かといって将来への展望も見通せないままの生活だったのである。

第一次世界大戦の勃発

第一次世界大戦勃発の直接の原因となったオーストリア・ハンガリー帝国の皇位継承者フランツ・フェルディナント大公(一八六四―一九一四)暗殺事件について、アドルフは次のように回想している。

「フランツ・フェルディナント大公の暗殺の報がミュンヘンに届いた時、わたしはちょうど家(下宿)にいて、ただ死の経過を不正確に聞いただけである。……暗殺の報がミュンヘンに報ぜられるやいなや、ただちに二つの考えが、わたしの頭をひらめき過ぎた。第一に、戦争はけっきょく不可避であろうということ。しかし、第二に、いまやハプスブルク国家は、(ドイツと)同盟を維持することを余儀なくされたということであった」(同、二三一、二三五頁)。

アドルフがミュンヘンでの生活をはじめた二十世紀初頭は、列強諸国の帝国主義的進出により世界の分割はほぼ完了していたが、それでもなおそれぞれの支配、占領地域をめぐって、列強諸国間の政治的、経済的、軍事的対立、競合が先鋭化していた。

遅れて帝国主義進出を図ったドイツ帝国は、アジア・アフリカへの進出を試みる一方、他方ではオーストリア・ハンガリー帝国を後押しして汎ゲルマン主義のもとに、東方への進出も企て、ロシア帝国を盟主とする汎スラブ主義と対立していた。ドイツ皇帝ヴィルヘルム二世（在位一八八八―一九一八年）は、ロシアの圧力のもとに悩むオスマン・トルコ帝国を説得してイスタンブール（かつてのビザンティン帝国の首都）から小アジアを東南に横断してバグダード、また更にはペルシャ湾に近いバスラまでの鉄道敷設権すら獲得していたのである。これがいわゆる帝都ベルリンとビザンティウムそしてバグダードを結ぶ、ドイツ帝国の３Ｂ政策という遠大な帝国主義的進出の構想であった。この計画を実現するためには、まずバルカン半島のスラブ勢力を一掃する必要があった。

一九〇八年十月、ドイツ帝国のバックアップを受けていたオーストリア・ハンガリー帝国は、当時オスマン・トルコ領下にあった南スラブ民族の州ボスニア・ヘルツェゴビナを行政権所有を理由に強引に帝国に合併した。そのため怒ったスラブ民族の国セルビアは大セルビア主義のもとにスラブ系の州ボスニア・ヘルツェゴビナを奪還し、自分達の国に合併しようとした。しかし、頼みとするロシア帝国は、当時日露戦争（一九〇四―〇五年）に敗れた後であり、また国内における革命勃発後の不安定な政情の中で、ドイツに対抗してセルビアを強力に支援する力を持ち合せていなかったのである。そのためオーストリア・ハンガリー帝国は、スラブ諸族の大きな怒りと恨みをかうことになった。

こうしたバルカン半島をめぐる汎ゲルマン主義と汎スラブ主義の対立は、いずれ戦争を引き起こすであろうことは十分予測できることであった。

ミュンヘンで絵描き生活をしていたアドルフも、ゲルマンとスラブの対立はいずれ戦争を避けられないであろうと見ていたのである。

その導火線となったのが一九一四年六月二十八日、スラブ系ボスニア州の首都サライェヴォで起こったオーストリア・ハンガリー帝国の皇位継承者フランツ・フェルディナント皇太子が、妃ソフィーとともにセルビアの青年に狙撃され、死亡するという事件であった。

ドイツ系民族が三十六パーセントという少数派でしかなく、下降線をたどるオーストリア・ハンガリー帝国を維持するため、フランツ・フェルディナント皇太子は、ゲルマン、マジャール民族に国内の大勢力でもあるスラブ系諸民族を糾合し、三大民族によるハプスブルク帝国の維持を考えていた。したがって、この皇位継承者は決して反スラブ主義者ではなかった。そのため汎ゲルマン主義者達からは不信の目で見られていたのである。その意味でフランツ・フェルディナントは必ずしもドイツ帝国の意図にかなうハプスブルク家の皇太子ではなかった。

しかし、オーストリア・ハンガリー帝国の皇位継承者がスラブ系州の首都サライェヴォで暗殺されたということは、スラブ民族のゲルマン国家に対する挑戦と受け取られたのは当然であった。これを契機に汎ゲルマン主義者と軍部の強硬な対戦意識は極度に高まり、特にハプスブルク帝国の軍部急進派は、直ちに対セルビア戦突入を主張した。三国同盟の盟主、ドイツ帝国政府から後押しを約束されたウィーン政府は、皇太子の暗殺から四週間後セルビア政府に最後通牒を突きつけると、その五日後の七月二十八日には対セルビア戦に突入したのであった。これを機に日露戦争の敗北から立ちなおっていたロシアは、セルビア支援の軍事行動を起こした。それに対し、ドイツは八月一日付でロシアに宣戦を布告するとともに、モロッコ進出をめぐるタンジール港事件で厳しい対立関係にあったフランスに対しても、その二日後、八月三日には対戦を決行するのである。露仏軍事同盟（一八九四年）がかねてより成立していたことにより、ドイツは当然両面作戦を覚悟して戦争に突入した。

これに乗じてイギリス、ベルギー、日本などはロシア、フランス、イギリス側について対ドイツ、オーストリアに宣戦を布告し、トルコやブルガリアは、ドイツ、オーストリア側に立って対ロシア、フランス、イギリス戦に突入した。名実ともに第一次世界大戦の勃発であった。

列強の帝国主義的進出を背景にはじまったバルカン半島をめぐる汎ゲルマン、汎スラブ主義の対立は、一九一四年夏に至って世界戦争となって爆発したのである。

この大戦開始の報が全ドイツ各地に報道された時、いかにドイツ国民が愛国意識に燃えて興奮し、大いなる戦闘意欲でこの報に耳を傾けたかは、まさに驚きであった。二十五歳の青年アドルフも決してその例外ではなかった。

ミュンヘンにサライェヴォでの暗殺事件の報が届いた時、直ちに市民の間には怒りと興奮の嵐が巻き起こった。バイエルンは血統的にもオーストリア人に近いため、一段と同胞意識が強かったからである。

一九一四年七月二十五日土曜日、オーストリア政府がセルビアとの国交を断絶すると、ミュンヘンではそれを支持する市民の歓声があちこちで上がった。都心にある飲み屋、ビヤホール、カフェーなどは人々であふれ、翌日の朝まで国民意識を高揚する愛国の歌が演奏され、合唱が高らかに響き、戦闘意識が謳歌されたのである。続いて市内ではオーストリア・ハンガリー帝国の強行政策を支持する市民の大行進さえ催された。

しかし戦争への興奮が高まったのは、単にミュンヘンやドイツ諸都市だけではなかった。当時のイギリスの軍事担当大臣デイヴィッド・ロイド・ジョージが伝えているように、多くの敵味方の大都市、パリ、ロンドン、ベルリン、ウィーンなどにおいても戦争熱が高まり、若者達によるデモが行われたのである。

ドイツ、オーストリアのみならず、ロシア、フランス、イギリス側もともに短期の勝利を確信して戦闘意欲を燃やしたのであった。ドイツ皇帝ヴィルヘルム二世は、「（一九一四年の）秋になって落葉が散る頃には、兵士達は（勝利の後）帰郷できよう」ともらしていたくらいであった。

兵役志願

一九一四年八月一日土曜日夕刻六時、ミュンヘンで戦争開始の報がいっせいに流されると、市全体に戦争を支持する興奮の渦が巻き起こった。アドルフも例外ではなく、その報に接し身震いをした若者の一人であった。

オーストリアの兵役義務からあれほど逃げまわり、半年ほど前にいやいやながら官憲に出頭して兵役検査を受け、やっとその義務から解放され胸をなでおろしていた彼は、第一次大戦開始とともに、突如として兵士になることを希望したのである。

翌日八月二日、快晴の日曜日午後になると、市心のオデオン広場にある将軍堂（フェルドヘルンハレ）の前では祖国愛に燃える市民の大集会が開かれた。おごそかな黒い服装に白いシャツ、黒い帽子で身をかためたアドルフは、この集会に勇んで参加したのであった。そして数千人の民衆の真只中でドイツ民族と国家のために戦うことを感動をもって決意したのである。

当時無名の写真家ハインリッヒ・ホフマン（後の総統ヒトラーの写真家）は、この日の集会を写真に撮ったが、後年総統から若き日の彼がその場に居合わせたことを知らされ、写真を拡大して探すことにより、まさしく青年ヒトラーの姿を発見し、その写真を幾千枚も焼き増しして売りまくることになる。

まさに第一次大戦の勃発は、行方の定まらないアドルフにとって人生の一大転換期となったのである。

「わたしは……嵐のような感激に圧倒され、思わずひざまずき、神がこの時代に生きることを許す幸福を与え給うたことに、あふれんばかり心から感謝した」（『わが闘争』上、二三四―二三五頁）と。

また「わたしはハプスブルク王家のために戦いたくなかった。しかしわが（ドイツ）民族とその現れであるドイツ帝国のためには、いつでも死ぬ覚悟があった」（同、二三七頁）と。

生死をかけて参戦従軍しようという決意は、彼の日々へのわずらいと将来への不安を払拭してしまったのであった。それは若き日のアドルフにとって一つの救いであり、人生の新たな道の開示だったのである。当時の多くの若者もアドルフと同じように生きる道、人生の方向を探していたのであり、第一次大戦の勃発はそうした当時の多大な若者に突如として生きがいと感動を与えたのであった。『わが闘争』によれば、アドルフは「八月二日のオデオン広場での集会の翌日、バイエルン王ルートヴィヒ三世に兵役許可を書面で直訴、懇請し、その次の日、八月四日にはすぐバイエルン政府内閣官房より兵役許可の書状を受け取り、バイエルン歩兵連隊へ入隊することになり、限りないよろこびにひたった」（二三七―三八頁）ことを伝えている。かつてミュンヘンの歴史家W・マーザーは、このアドルフの発言をそのまま事実として受け容れた。しかし近年の研究は、『わが闘争』におけるその記述が事実とかけ離れた、アドルフの創作であることを実証している。それは開戦後の大混乱の中でバイエルン王に送った個人の書面に対する返事が、直ちに（翌日）届いたということは考えられないからである。

実際には、戦争開始を知ると同時に、アドルフはしかるべき役所ないしは軍隊の出先機関に兵役志願を届け出て、その二週間ほど後の八月十六日、バイエルン第十六予備歩兵連隊に入隊を許可されたというのが事実である。そして、しばしば議論される、入隊の際彼がオーストリア国籍であったため、多くの困難があったという主張は、実際にはなかったということだ。

ドイツ帝国がオーストリアを後押ししての戦争に、ドイツ軍がオーストリア国籍の若者の入隊を拒否する理由はなかったからである。

さて、バイエルン第十六予備歩兵連隊に入ったアドルフは、一九一四年八月十四日日曜日、期待のうちにミュンヘン市内のエリザベート学校に設けられた兵舎に落ち着き、軍服を身にまとった。この時以来、彼はそれまでの煩わしい日々や日常茶飯事を全て忘れることができたのであり、祖国愛と戦闘意識に燃えることになった。前線の兵士に遅れまいとする性急なあせりが、一日も早く戦場へとアドルフを追い立てたのである。兵舎で軍事訓練を受けはじめた彼は、八月二十一日付で警察に出征届を出して住民登録を抹消すると、大屋のポップ夫妻を訪ね出征の別れを告げるとともに、下宿を引き払ったのである。

九月一日には、バイエルン第十六予備歩兵連隊のプフラウマー大尉指揮下の第一中隊に配属された。しかし連隊の装備はなかなか整わず、間に合せ的な戦闘装備を身につけて、戦線へ赴かなければならなかった。例えば、鉄かぶとが全兵士に配布されたのは、西部戦線に加わってから、なんと二年も経過してからであった。それは一九一六年十月のことである。アドルフは二年間も戦場を鉄かぶとなしで危険な伝令兵の仕事に従事したのである。ミュンヘンでの戦闘訓練は二ヶ月にも満たないものであった。

一九一四年十月十日土曜日、ミュンヘンを後にしたバイエルン第十六予備歩兵連隊は、軍用列車でアンマー湖の北トゥルケンフェルトを通過してアウグスブルクの南方レヒフェルトに一週間滞在、装備を整え、物資を積み込むと、ウルムへと向かった。ウルムでの休憩の時、アドルフは早速ミュンヘンの下宿の主人ヨーゼフ・ポップにあいさつの絵ハガキを送っている（『ヒトラー資料集』、五九頁）。連隊は十月二十一日明け方ウルムを去ると、朝焼けのライン川に沿って汽車でアーヘン、ケルン方向へ向かった。はじめて眺めるライン川の雄大な流れにアドルフはすっかり感動し、ドイツ民族にとって忘れることのできない《父なるライン》の雄姿をじっと食い入るように眺めていた。途中リューデスハイムを通過した時、朝もやの中に朝日を浴びてさん然と輝くニーダーヴァルト戦勝記念碑（普仏戦争の）の勝利女神像ゲルマーニアの壮大な姿が現われた。そのとたん兵士達の感動は頂点に達したのである。軍用列車の車窓からはいっせいに歓声が上がり、延々と続く列車から声高らかに流れる愛国の歌『ラインの守り』が谷間にこだました。

アドルフは感極まって思わず身が引き締まり、胸が激しくしめつけられる思いであった。思えば実科学校を中退してから美術家を志し、あてのない迷いの生活をはじめてから、すでにまるまる九年も歳月が流れていた。絵を描くことで自活できるようになり、それなりに大好きな芸術と文化の都ミュンヘンで幸せな日々を送っていたとはいえ、彼は決して満足していたわけではなかった。将来について遠大な夢を持つ青年として、思い煩う生活の毎日であった。

しかし第一次大戦の勃発は、アドルフの人生と彼の内面に決定的な転機を与えるとともに、戦線は生命《いのち》がけの行動力、行動の人生、そして闘争の意識を彼に植えつけてゆくことになるのである。

勇敢な伝令兵

アドルフのバイエルン第十六予備歩兵連隊は、ライン川の谷に沿ってコブレンツ、ボン、ケルンを通過すると西へ向かい、国境の都市アーヘンを過ぎベルギーに着いた。いよいよ戦場に到達したのである。一九一四年十月二十二日のことであった。兵士達の緊張感は極度に高まっていた。連隊は更にドイツ軍が占領しているベルギーを軍事列車でルュティヒから西へとブリュッセルを通過して南下し、ベルギーとの国境に近いフランスのリールに着いた。ついに戦闘の前線基地にやってきたのである。二日後の十月二十四日には第十六歩兵連隊を含むバイエルン予備師団（いくつもの連隊からなる兵団）の全ての輸送が完了した。いよいよ激戦地での行動開始である。

アドルフが送られてきたベルギーのフランドル地方からフランスのアルトア、ピカルディ地方は、大戦の勃発と同時にドイツ軍により決行された「シュリーフェン作戦」の最重要拠点だったのである。一九〇二年以来の露仏軍事同盟に対抗する電撃作戦として作成（一九〇五年）されていたシュリーフェン作戦は、ドイツ戦力を集中してフランス軍を六週間で撃破、壊滅させようとするもので、この作戦計画は十年後の第一次大戦開始と同時に実施されていた。しかし、日露戦争に敗れた直後のロシア軍の力を過小評価して作成された当時のシュリーフェン（ドイツ陸軍参謀総長）作戦には明らかに誤算があった。それは第一次大戦勃発当時には、ロシア軍の力は十分回復していたからである。思いもよらないロシア軍の俊敏な兵力の動員と強力な攻勢に驚いたドイツ軍は、東方対ロシア戦に大部の軍事力を取られたため、シュリーフェン作戦における西部戦線は次第に停滞していった。そして主戦場である西部対フランス戦線の右翼軍を補強するために、アドルフの歩兵連隊は送られてきたのである。

西部戦線の右翼兵団であったドイツ第四師団は、すでにアドルフ達が援軍として到着する数日前（十月二十日）から西フランドル地方において、大西洋岸へ向けてフランス、イギリス軍に激しい攻勢をかけ、イーペルンの占領をねらって戦闘をくり広げていた。

一九一四年十月二十六日月曜日、ついにアドルフの属する連隊にも戦闘突入指令が下されたのである。二十五歳にして彼ははじめて生死をかけた戦線に加わることになった。その日、彼の歩兵隊は午前三時半、リールから戦場へ向け、一日中行軍して夜の八時までに四十キロほど北西へと移動した。途中アドルフのグループはイギリス軍とのわずかな交戦を体験した。

十月二十八日夜から二十九日の朝にかけて、占領目標のイーペルンへ向け主要道路を急いで西進し、その手前十一キロほどのところに到達、そこからイーペルン総攻撃に突入したのであった。その日の午前六時四十五分から、アドルフが配属されていた第一大隊は、フランス・イギリス軍からの激しい砲火をくぐって戦闘をくり広げた。バタバタと兵士仲間は倒れ、死傷者は続出していった。十月二十九日のその日には、戦闘の最中、一つの大きな不幸が発生した。前線で戦っていた連隊の第三中隊が、後方に位置していた味方のヴュルテンベルク・ザクセンの兵隊にイギリス軍と誤解され、背後から射撃され、少なくない死傷者が出るという悲劇に見舞われたのである。それは北側に位置するドイツ右翼兵団と南の左翼兵団との間に大きな空間（五十キロ以上の）ができ、その空洞地帯にイギリス軍が陣を占めたため、悪天候や霧、夜間などにより、敵味方の見分けがつかなくなったために発生した事故だった。

伝令兵仲間（右からヒトラー、A・バッハマン、E. シュミット）とアドルフの愛犬フォックス

「一九一四年十月と十一月にわれわれは、そこで砲火の洗礼を受けたのだ。心は祖国愛にみち、

口唇には歌を口ずさみながら、わが若き連隊はダンスに行くように戦闘をしにいった。この上もなく尊い血が、そうすることによって祖国に独立と自由を確保するという信念で、そこでよろこんで捧げられたのだ」（『わが闘争』上、二八六頁）。

アドルフはわずかの戦闘を体験することにより、早くも戦場の兵士となり、自分の生きがいを見い出すとともに、生まれてはじめて大きな運命共同体の中で定まった生活を味わったのである。いつ生命を失うかも知れないという戦場は、日々の生活のわずらいや悩みから彼を解放してくれたのであった。

イギリス軍との激戦では、無数の弾丸がうなりをあげて飛び交う中、塹壕に立てこもるイギリス兵との肉弾戦すら経験した。その十月二十九日の戦いで、早くもアドルフの属する中隊の隊長グラーフ・フォン・ツェヒは頭部を撃ち抜かれて戦死した。多大な死傷者を出したアドルフの中隊は、一たん後退して戦闘態勢を整えなければならなかったのである。幸い彼は傷一つ負わなかった。

翌日十月三十日、イーペルンへ向けての攻撃は再開されたが、イギリス軍の激しい抵抗のため進軍は停滞し、中断しなければならなかった。しかし同日の夜には再び攻撃が決行された。すでに戦闘は四十八時間以上続き、兵士達は三日間寝る間もなく戦いに明け暮れ、彼らの疲労は極度に高まっていた。それにもかかわらず翌日、十月三十一日には再度イーペルンへ向けた突撃が命じられたのである。早朝四時アドルフは仲間とともに突進を開始し、激戦の後ゲルヴェルを占領したが、イーペルンへの道は敵味方の死者ですっかり閉ざされてしまうほどであった。歩兵連隊の司令官リスト大佐もこの日戦死した。また彼の属する中隊長も亡き人となっていた。このように戦闘に加わって一週間足らずのうちに連隊長、中隊長も戦死していったのである。

一九一四年十一月一日以降も、イーペルンへの進撃は一進一退をくり返しながら十一月下旬まで続けられた。アドルフは、はじめて体験した一週間の戦闘の様子をミュンヘンの知人で判事のエルンスト・ヘップ宛ての手紙（一九一五年二月五日付）で、次のように報告している。

「四日の戦いのうちに、私達の連隊三千五百人は六百名に減ってしまいました。……しかし私達にとって誇りであったのは、ついにイギリス軍を敗退させたということです」（『ヒトラー資料集』、六八頁）。

この彼のいう三千五百人のうち六百名が残ったというのは、死傷者双方を含めてという意味である。アドルフが出くわした最初の戦闘がいかに激しいものであったかがわかる。

さて、彼が激戦中に示した勇敢さは上官や同僚の注目するところとなり、十一月九日付でアドルフは連隊司令本部付の伝令兵（メルデゲンガー）に抜てきされたのである。伝令兵というのは、前線の司令部と数キロ後方に位置する司令本部の間をゆき来し、司令本部の命令、指示を前線に伝え、また最前線の状況、問題を司令本部に報告する役割を果たす兵士で、きわめて危険な戦場を常に往復しなければならない。危ないからといって戦場に腹這いになったり、塹壕に入ったりして身を守っていたのでは使命を果たせないのである。体をかがめることはできても、建物や木の陰で敵の弾丸を避けていたりしてはいられないのだ。絶えず弾丸や散弾の間を走り抜けて行動しなければならない。

アドルフ自身述べているように、伝令兵になって以来「毎日のように生命を危険にさらし、死を覚悟していた」（同、六〇頁）。通常伝令兵は二人で一班を構成し、行動することになっていた。それは、あまりにも多くの伝令兵が死傷するため、一人の伝令では、命令や指示、報告、問い合せなどが、前線や司令本部に十分届かない危険性があるからであった。時には戦場を自転車でつっぱしることもあった。とにかく生命の危険がすこぶる高い使命であったため、伝令としてひるんでしまう兵士も少なくなかったのである。

特に激しい戦闘の最中、司令本部の命令を前線に届けるということは、戦場で自分の体を常に敵の弾丸や散弾、砲弾の前にさらすことを意味したからである。

時には弾丸が彼の兵服のそでを引き裂いていったこともあった。場合によっては伝書鳩や伝令犬が使われることもあった。危険性の高い職務のため、伝令兵は戦場で三日間任務を果たすと、次の三日間は役務から解放され、休憩が取れるようになっていた。

しかし、激戦地であるアドルフの西部戦線では、常に一進一退が続いていたため、そんなのん気なことをいってはいられなかった。彼は伝令兵として行動しない時も司令本部付で兵務に没頭していたのである。

彼のおじけることのない勇敢な兵士、伝令としての模範的な態度は、広く仲間や将校、司令部の間に知れわたっていった。戦死したリスト連隊長の後任エンゲルハルトが危うく敵の砲火にやられそうになった時、身の危険を顧みず、連隊長の命を救ったのをはじめ、戦友仲間に代って、進んで危険な任務を果たすことも平気でやってのけていた。アドルフの所属する第十六

アドルフが描いたスケッチ（1915年、フランスの戦地にて）

歩兵連隊司令官代理であったフリードリヒ・ヴィーデマン中尉は、次のように彼を讃えていた。

「伝令兵の損失（死傷）はきわめて多く……激戦の時二人の伝令を同時に送り出すことはまれにしかできなかった。そこで（われわれは）一人ずつ送り出すため、厳しい状況下でも使命を果すことのできるとりわけ信用のおける数名の伝令を厳選した。その最も信頼できる伝令の一人がヒトラーであった」（『ミュンヘンのヒトラー』、一二七頁）。

アドルフの上官で副曹長であったマックス・アマンは、「ヒトラーは常に軍務のため待機していた。激戦で早急に司令部の戦略命令を前線に伝える必要があった時、数名待機しているはずの伝令を呼びつけたが、誰も姿を現わさなかった。しかしヒトラー唯一人だけがすぐ飛び出してきた。『いつも君ばかりではないか』といったら、彼は『他の仲間を静かに眠らせておいて下さい。私は全く問題ありません』と。他の者達はみなとうに伝令として走る服装を脱ぎ捨てて眠っていたが、ヒトラー一人はすぐに行動に移る装備を身につけたままであった」（同、一二七頁）と伝えている。

「犠牲的精神、勇敢さが殊の外要求された前線で、ヒトラーは戦友の模範であった。彼の果断さ、あらゆる戦闘状況下での模範的行動は、戦友達に強い影響を与え、控え目な性格、驚くべき質素さと相まって上官にも同僚にも尊敬の眼で見られていた」（シュトパニー大佐の追想、『人間としてのヒトラー』、一四七頁参照）。

長年にわたり孤独の中で悩み、模索し、人生の方向が見えず内心の不満と怒りをかかえて生きてきたアドルフは、今や戦場で生まれ変ったのである。生か死かの戦い、戦闘に生命をかける中で、生きとし生けるものの世界は絶えざる闘争の連続なのであるという、死をものともしない、生か死かの闘争の世界観がアドルフの内面で燃えはじめていたのである。

一級鉄十字章に輝く

西部戦線での四年に及ぶ戦場生活で、四十回の戦闘に加わり、何回となく生命の危機にさらされながら何らくじけることなく、逆に人生においてはじめてアドルフは他の注目と尊敬を集める存在となった。これはまぎれもなく彼の人生における一大転換期となった。

兵士としてのアドルフの勇気ある模範的な行動は、数々の称賛を生んでいった。

一九一四年十月下旬以来戦線に臨んで、まだ一週間とたたないうちにその勇敢な行動を認められて、十一月一日付で早くも上等兵（ベフライター）に昇進している。そして十一月九日、連隊司令本部付伝令兵に指名され、ベルギーの西部戦線で死闘が続く中で伝令としての勇気ある忠実な功績により、一ヶ月後の十二月二日には二級鉄十字章を受けたのである。彼の属する連隊三千数百名の兵士の中で、アドルフほど早く鉄十字章を受けた兵士は誰一人としていなかった。

彼はその時の喜びの様子を、ミュンヘンにいた時の下宿の主人ヨーゼフ・ポップに書き送っている。

「(一九一四年) 十二月二日、私は中隊長アイヘルスドルファー殿の度重なる推挙で、ついに鉄十字章を受けました。それは私の人生で最も幸せな日でした。

親愛なるポップさん、どうか受章者が出ている新聞をとっておいて下さいませんか。もし神が私を生きながらえさせるなら、それを記念にとっておきたいのです」(『ヒトラー資料集』、六〇―六一頁)。

上等兵になってからたった一ヶ月後に兵士として名誉と誇りと尊敬の印である鉄十字章を受けたということからも、彼の特別な功績が疑いないものであることがわかる。

この鉄十字章はそもそも一八一三年三月、ナポレオンの支配からの解放戦争の際、プロイセン王フリードリヒ・ヴィルヘルム三世によって設けられたものであった。それは敵兵、敵軍に対し特に勇敢に巧みに抗戦した兵士や軍事指揮の功績に対し授与されたものであった。その勲章をアドルフはたった一ヶ月で手に入れたわけであるから、彼の功労がとび抜けていたことに他ならない。またそれは、祖国軍のためにアドルフが生命がけで行動することにこの上ない生きがいを感じていたことを裏付けるものである。その時ほど彼が生き生きとし、使命感に満ちていたことはそれまでの人生になかったといってよい。彼がミュンヘンの知人達に書き送った書面に目を通すと、「まだ自分は健康である（生きている、傷ついていない）」とか、「もし自分が生きて帰ることができたら」ということを何回もくり返して書いているが、そこには上官や戦友仲間が次々と倒れていった中で、いつかは自分の番がくるであろうと覚悟のほどが窺われる。いつ死ぬかも知れないという生命をかける日々の中に真の生きがい、生きることの意義を見い出していた。明日倒れるかも知れないという戦場での毎日は、アドルフが長年かかえてきた悩み、わずらい、不満から彼を解放してくれたのである。死への覚悟と戦闘の日々という非常事態の連続は、逆に彼に精神の落ち着きと平静さをもたらし、行動への勇気と力の源泉となっていった。

しかし、だからといって彼が戦場で死の恐怖に全く直面しないわけではなかった。最初は死を覚悟し夢中になって弾丸の間をくぐりぬけていた伝令兵としての彼も、危険な日々をしばしば経験するようになると、新兵になった時のような純粋な気持ちは失われ、死への恐怖と自己保存本能にかられてもいった。「できることなら生き残りたい」というしりごみや恐怖心と戦わねばならなかったのである。そういったしばしの葛藤を克服することにより、ゆるぐことのない覚悟と決意を持って勇敢な一人前の兵士に成長していったのであった。

この二級鉄十字章を受ける直前、アドルフは間一髪で命拾いをしている。それはフランドルの戦場で鉄十字勲章に推挙された兵士名簿の検討が司令本部のテントの中で行われていた時、本部付伝令であった彼はそこに居合せたが、そこへ四人の中隊長が入ってきたため、テントの中が狭いので、アドルフは同僚と一緒にテントの外に出なければならなかった。すると五分とたたないうちに敵の爆弾がテントに命中し、彼を叙勲者に推薦した連隊長エンゲルハルト中佐が重傷を負ったのをはじめ、テントの中にいた将校全員が死傷するという目にあった。アドルフはテントの外に出ていたため助かったのである。「生涯で一番ぞっとした瞬間であった」(『人間としてのヒトラー』、一四〇頁)と述べている。

そんな命拾いをして受けた鉄十字章であるから、彼の喜びと誇りはひとしおだったのである。「私の生涯で最も幸せな日であった」と。

使命感に燃え、命をかけて戦場で行動する兵士として周囲から尊敬され、軍部から公にその功績を表彰されることは、彼にとってこの上ない生きがいだった。そして引き続き三年八ヶ月に及ぶ西部戦線で戦闘に生き抜き、ついに一九一八年八月、上等兵としてはきわめてまれな一級鉄十字章受勲の栄誉に浴することになる。兵士、将校としてきわめて名誉であるこの一級鉄十字章の受章をめぐってはさまざまな意見や憶測があるが、アドルフが数々の上官や周囲の推薦で、その勇敢さと多くの模範的な尊敬に値する行動ゆえに授与されたことにはちがいがない。それはフランス・シャンパーニュ地方における度重なる激戦後の叙勲式に各方面より推挙され、選ばれたのである。

一九一八年七月三十一日付で第十六歩兵連隊司令部に提出された副連隊長フォン・ゴディンのアドルフについての叙勲推薦書は、次のように報告している。

「ヒトラーは連隊が戦場へ向かって以来、あらゆる戦闘において輝かしい行動を示した。伝令として陣地戦においても、移動戦においても模範的な冷静果断さを示し、きわめて困難な状況下においても生命の危険をものともせず、命令を伝達する任務を敢行した。

苦しい戦闘状況下であらゆる連絡が杜絶した後に、多くの障害にもかかわらず、重要な命令が伝達されたのは、ヒトラーの不屈にして、犠牲的精神に富んだ行動のおかげである。

……私はヒトラーが一級鉄十字章を受けるにふさわしいと判断するものである」（『ミュンヘンのヒトラー』、一七五―七六頁）と。

また八月四日にアドルフを叙勲した連隊長フォン・トゥボイフ少佐（マイヨール）も次のように述べている。

「ヒトラーはつねに職務に忠実であり、いかなる状況にあっても、最も困難で労苦の多い危険な任務でも自発的に志願し、戦友と祖国のために生命を捧げる用意をしていた」（『人間としてのヒトラー』、一四七頁）と。

アドルフの一級鉄十字章の受章をめぐっては、後々数々の批判やののしり、詮索がなされたが、多くの推薦者や将校の見解がはっきりと認めているように、彼が戦場で傑出した勇敢な兵士であったことは疑いない。それは二つの鉄十字章のみならず、彼が他の功労章を二つも受けていることからも、殊の外評価され、尊敬されていたことがわかる。

一九一七年九月十七日、剣付き三級軍功労章、一九一八年五月九日、連帯賞状がそれである。

これらの受章のうち、最も誇るべき一級鉄十字章の受章につきアドルフが後年全く触れていないのは、彼がユダヤ人であった副連隊長フォン・ゴディンの推薦で授与されたため、反ユダヤ主義に徹していた彼は、この名誉ある一級鉄十字章をどのようにして、誰の推薦で受章したかについて触れることを意図的にきらったからであろう。しかし、一級鉄十字章を彼が受けていたことの事実は彼の名前とともに知れわたるようになり、アドルフの政治闘争を有利に展開する上で、強力なバックアップとなったのである。

失明の危機、野戦病院にて

激戦の最中に弾丸が飛び交う中を自転車や自分の足で疾走することが、どんなに危険であるかは、容易に想像できる。事実、アドルフは何回となく命拾いをしている。

戦場での多くの戦いを体験して、絶えざる闘争の世界、それは《生か死のどちらか》であるという実感を身につけ、自らの世界観を形成しつつあった。だからこそ、死の恐怖にひるむことなく行動ができたのである。ミュンヘンの知人に戦場から送った手紙の中には、「たぶん自分は多くの戦友と同じように生きては帰れないであろう」といった考えが、しばしば述べられている。すでに触れたように、伝令兵として戦場を走っていた時、弾丸が彼のそでの下を引き裂いていったことや、司令部のテントの外に出たことにより、間一髪で命拾いをしたことなどである。

一九一六年七月以降、北フランス・ソンムの会戦で激しい英仏軍の攻撃を受けたドイツ軍は、いろいろと苦戦を続けていた。その十月五日、身動きもできないほど狭い塹壕にたてこもっていたアドルフの隊に弾が命中し、その炸裂した破片により彼は左足のつけ根に近い太股を負傷した。彼とともにいた仲間の五人の伝令も負傷した。幸いたいしたケガではなく、アドルフはそのまま軍隊に留まることを申し出たが、上官の指示でベルリンの東方ベエリッツの赤十字病院で十月九日から十二月一日まで七週間半ほど治療生活をした。

この間、彼は生まれてはじめて首都ベルリンを訪れ、自分のもともとの関心である国立絵画館を見学し、心を洗われる思いで絵画を楽しんだのである。

二年ぶりで戦場を離れ、ベエリッツの静かな軍事病院で英気を養ったアドルフは、いったん兵士としての出身地であるミュンヘンへ戻り、十二月三日には彼の属するバイエルン第十六歩兵連隊の補充隊に届け出、入隊している。そこで同じ伝令兵仲間の負傷した戦友マックス・ムントやヨハン・ヴィムマーなどに再会し、喜びをともにしている。

しかし、ミュンヘンへ戻ってきた彼をはなはだ失望させたのは、反戦の雰囲気がただよい広がっていたことだ。毎日、生命がけの前線行動で、祖国の勝利のために尽くしてきただけに、それは理解に苦しむものであった。

ミュンヘンに来て間もない十二月十二日、当時のドイツ首相ベートマンは、戦争を中止する和平の提案さえ、三国協商（英仏露）に対してするほどであった。それは短期の勝利を確信してはじめた戦争ではあったが、ドイツ軍の攻勢は停滞し、アドルフのいた西部戦線では、英仏両軍の激しい反撃で勝利の見通しが立たなくなっていたからである。

アドルフはその年のクリスマスをミュンヘンの兵舎で過ごしたが、西部戦線の戦場にいる仲間に絵ハガキを送り、兵舎の士気に欠けた好ましくない雰囲気に失望し、退屈な毎日を過ごしていることを書き送っている（『ヒトラー資料集』、七八―七九頁、一九一六年十二月二十一日、二十四日、二十八日付のハガキ）。

休戦の提案を拒否されたドイツ帝国は、年が明けると、一九一七年一月無制限潜水艦戦に踏み切り、アメリカの参戦を招くことにより、敗戦への決定的な段階へ入ってゆくことになる。

アドルフは戦地の第十六歩兵連隊の要請で、その三月五日には再び西部戦線に戻ったのであった。第一次大戦で破局状態に陥ったロシアに、第二次革命が勃発したのはその直後のことである。一九一七年春から一九一八年八月にかけて、彼の属する第十六歩兵連隊は、ベルギーのフランドル地方から一時的にはアルザス地方にまでも後退し、また盛り返したりして、北東フランスのアルトア地方、マヌル川地帯、そしてシャンパーニュ地方と各地に転戦を続け、一進一退をくり返していた。その間苦しい戦闘の連続で、戦友や上官がバタバタと倒れていったが、この間勇敢な伝令兵として生き延び、その模範的な功績により、先に述べた一級鉄十字章を受けたのである。この頃、ドイツ軍はイギリス軍が盛んに使用していた毒ガス兵器による攻撃で多くの兵士がやられていた。

もっとも、第一次大戦で毒ガス兵器をはじめて戦闘に用いたのはドイツ軍であった。高名なドイツ・ユダヤ人化学者フリッツ・ハーバー(一九一八年アンモニア合成法によりノーベル化学賞を受賞)によって開発された毒ガス兵器は、一九一五年春、ベルギーにおけるイーペルン作戦(アドルフも参加していた)ではじめて導入され、多くのイギリス・フランス兵を殺傷していた(拙著『ユダヤ人最後の楽園』、九五—九九頁参照)。

しかし、一九一六年からイギリス軍もガス兵器を開発し、戦争に導入したため、ドイツ軍にも大きな被害が出ていた。

アドルフはベルリンでの休暇(オーストリアのシュピタールではない)を終え、戦地の連隊司令本部へ戻った。そこは四年近くも前に彼がはじめて激戦を経験したベルギー・フランドル地方西部の戦場であった。帰任した翌日の一九一八年九月二十九日から十月にかけ、イーペルン攻防戦においてドイツ軍は激しい戦闘の日々に耐えなければならなかった。この時イギリス軍は毒ガス兵器を盛んに使用し、ドイツ軍に多大な被害を与えていた。

十月十三日夜から十四日にかけて連続した毒ガスの掃射（トロンメルフォイヤー）による攻勢で、アドルフの連隊には死者や多くの負傷者が出た。彼自身も十四日の朝方イギリス軍の毒ガス放射により、周期的なひどい苦痛に悩まされ、特に両目はやけるような激痛に襲われた。伝令兵として殆んど歩行することもできなくなってしまったのである。そしてガス放射を受けてから数時間後に両目は灼熱化し、その熱と痛みで視力を全く失ってしまったのであった。盲目になることさえアドルフは覚悟しなければならなかった。そのためフランドルの戦場で応急手当を受けた後、負傷兵をのせた列車で北ドイツのポーランド国境に近いパーゼヴァルクへ送られ、そこの野戦病院で治療を受けることになった。その病院で殆んど一ヶ月間（十月二十一日から十一月十九日まで）養生したのである。盲目になるのではと恐れたアドルフであったが、次第に視力は回復していったのである。

一時はもう新聞を読むことすらできないのではないか、とさえ悩んだほどであった。

激しい戦地から遠く離れ、プロイセンの森に囲まれた静かな軍事病院に落ち着いたアドルフは、二年ぶりの病院生活で視力と体力の回復につとめるかたわら、散歩や思索、読書、デッサンなどをしながら気晴らしをして過ごした。そして詩作さえしていたのである。

一九一八年十一月二日付でパーゼヴァルクでの詩『静かなる英雄』をものし、祖国のために戦い深く傷ついてベッドに延々と横たわる兵士達の英雄的な行為を称え、また負傷兵を手厚く、やさしく看護する毎日に明け暮れるドイツ看護婦の姿に感動し、詩にうたいあげている。

また十一月十一日に作成した詩『パーゼヴァルクの森の墓地』では、自由と力と生命のシンボルであるドイツの樫の木におおわれたドイツ精神が漂う森で、平和のうちに眠る兵士達のことを思い、祖国のために自らを捧げた彼らを英雄として永遠なる者と称えている。

軍事病院での静かな療養生活は、アドルフに四年に及ぶ兵士としての戦場生活に数々の思いと回顧の機会を与え、《兵士として戦いに生きること》の信念をますます徹底させていったのである。

敗戦と失望の中で

プロイセン・パーゼヴァルクの軍事病院で療養中のアドルフは、第一次大戦がドイツの敗北をもって終わり、ドイツ帝国が崩壊するという彼をきわめて失望させる出来事を体験する。祖国のために生命を惜しまず勇敢な兵士として戦ってきただけに、その落胆たるや底知れぬものがあった。

視力が次第に回復しつつあった一九一八年十一月上旬のある日、突如としてトラックで水兵の一団が病院におしかけてきて、皇帝が退位してオランダへ亡命し、人民による共和制が成立したことが告げられた。

敗戦に伴う革命の動きはドイツ国内の一部の地域とアドルフは思っていたが、次第にそれが全国的な広がりをもった革命であることを知り、彼は驚愕するのである。しかも彼が深く敬愛するウィッテルスバッハ王家のバイエルン王ルートヴィヒ三世（在位一九一三―一八年）すら、王位を追われ、伝統を誇るバイエルン王国が社会主義者に乗っ取られ、革命政権のもとにくだったことを知り、目の前が真っ暗になる思いであった。しかも保守的なカトリックのバイエルン王国が、ベルリンや各諸邦に先立って社会主義者の手に落ちたこと、そしてそのショックと余波がドイツ皇帝の退位と亡命に拍車をかけ、帝国崩壊への道をいち早く方向づけたことは、アドルフにとって重々耐えがたいことであった。またバイエルン王国を倒した社会主義者クルト・アイスナーが反戦論者であり、皇帝に対する不敬罪で牢獄生活を送って出所したばかりでありながら、バイエルン共和国の首相になったことを知れば知るほど、彼の怒りと失望は高まるばかりであった。祖国愛、《祖国の防衛のため》の、血のにじむような献身、努力は一体なんであったのか、寒さと飢えと死の恐怖にさらされながら、祖国のために前線で戦っていたわれわれの足を背後から引っぱり続けた社会主義反戦論者が政権を握るとは、一体どういうことなのか、怒りはこみ上げてくるばかりであった。

「自分がいた西部戦線は後退していたとはいえ、決して敗北・崩壊の状況にはなっていなかったではないか、敗戦とは一体何ごとだ」、全ての努力と犠牲はムダだったのである。二百万人に近い戦死者の血も無意味に流されたことになる。

「わたしはもはや辛抱しきれなくなった。これ以上長く祖国敗戦の報が告げられている病院の広間にいることができなかった。わたしは目の前がふたたび真っ暗になったので、よろめきながら寝室へもどり、自分のベッドに身を投げだして、燃えるような頭をふとんと枕に埋めたのだった。わたしは母の墓前に立った日以来、二度と泣いたことはなかった。……この長い戦時中、死が多くの愛する戦友や友人をわれわれの戦列から奪い去った時も、歎くことは殆んど罪悪のように思えた。——彼らはとにかくドイツのために死んだのだ！そしてついにわたし自身が……しのびよるガスに倒れ、両眼をおかされ、永久に盲目になりはしないかという恐怖で、一瞬絶望しそうになった時も、良心の声がわたしを怒鳴りつけたのだ。……その時もわたしは鈍感に黙ってわたしの運命にしたがったのだ。だがいまわたしは泣く以外に方法がなかった」（『わが闘争』上、二九〇―九一頁参照）と。

目の負傷、視力の回復と戦いながら敗戦と革命の報に接した時のアドルフの失望が、どれほど深刻なものであったかが窺われる。

この失意のどん底に陥ってから数日後、彼は病院において「政治家になろうと決意した」（同、二九三頁）と述べている。しかしこの発言は彼の後々の創作であろう。アドルフが敗戦を体験した時点ですでに政治家になろうと決意していたかどうかは、はなはだ疑問である。

しかし、「戦場の勇士」として生き抜いた四年間は、彼に《生か死かの戦い、闘争を生き抜く》ことの生き甲斐と、その意義をはっきりと植えつけ、戦闘の世界観形成の上でアドルフにかけがえのない体験と実感を与えたのは確実であった。

展望もなく、どうして生きていったらよいか迷いに迷った若き日の苦悩は、戦場の兵士となることにより一掃され、周囲の尊敬と注目、称賛を一身に集める存在に生まれ変わっていったのである。

こうしてアドルフの「戦いに生きること、人生や生存は絶えざる闘争の連続である。勝者は残り、敗者はゆく」という観念、世界観がゆるぎないものとして彼の内面に形成されていったのであった。

第一次大戦の体験こそ、アドルフの次の人生の出発点となったのである。


大好きなドイツ民族の都市、芸術の都ミュンヘンで絵を描く仕事により、自活できる幸せな日々を送れるようになったアドルフではあったが、将来への方向が見定まらない彼の不安定な内心の悩みは変わっていなかった。しかし、第一次世界大戦の勃発と兵役志願は、彼の迷いと不安を突如として吹き飛ばし、幾度となく生命びろいをして生き抜いたアドルフは、自分の存在感と自信をしっかりと身につけ、生きることの意義を戦いの連続と、《闘争による生の拡大》の中に見い出していったのである。戦争を通して得たこの実感は、彼の信念となり世界観となってその後の人生を決定づけたのである。

アドルフの表情の変化。左上から、26歳、伝令兵時代（1915年）。27歳、伝令兵時代（1916年）。30歳、ミュンヘンの兵舎時代（1919年）。32歳、ナチ党の党首に（1921年）

第四章　極右政治活動への突入と破滅への道

敗戦直後、ミュンヘンの兵舎に戻ったアドルフは生活への道、活路を模索することになる。

革命政権（レーテ）のもとで、ある時は左翼にさえも傾こうとするのである。しかし、もともと国粋的、ドイツ民族主義的思想の持ち主であった彼は、革命臨時政権の崩壊後、急速に政治活動への姿勢を固め、自分自身の不透明であった世界観、政治思想、闘争意識を着々と地固めして極右翼活動へと飛び込んでゆくことになる。

四年に及ぶ大戦に敗れ、苦境と失意と怒りで理性と秩序を失っていたドイツ国民は、アドルフの偏見に満ちたファナティックな扇動に引きずられてゆく。そしてワイマール共和国の政治不況こそ、アドルフの独裁政権への道を可能にしたのである。それはまた破滅と《文明崩壊》（ツィヴィリザツィオンスブルーフ）といわれるほどの悲劇の前哨であった。

ミュンヘンの兵舎にて、活路の模索

すでにプロイセン・パーゼヴァルクの軍事病院で革命の動きと労兵評議会レーテの支配を体験したアドルフは、汽車でベルリンを経由してミュンヘンへ戻った。時に一九一八年十一月二十一日木曜日のことであった。

自分が忠誠を誓って兵役を志願したバイエルン王国は今はなく、革命政権のもとで各地には赤旗がなびいていた。ミュンヘンのバイエルン州議会には、社会主義者クルト・アイスナーを首相とする社会民主党、独立社会民主党による革命政権が成立し、臨時政府を形成していた。アドルフが戻ったミュンヘン北のバイエルン歩兵連隊兵舎も、十一月九日以来、軍事命令権は労兵評議会レーテの手に握られていた。十名の構成員からなるレーテは軍事指揮権のみならず、武器、弾薬庫も管理下に置いていた。そしてバイエルン全体の軍事司令権は革命政府のもとに置かれた。共産主義者や社会民主主義者でなる労兵評議会レーテは、軍の将校や兵士に対し、兵士の位を示す帽章（コカールデ）を取り外すことを要求した。兵士は誰一人としてレーテの許可なしにミュンヘンを去ることは許されなかった。

彼に続いて西部戦線の戦友が次々とミュンヘンの兵舎に帰ってきた。その中には同じ伝令兵として生死をともにした同僚のエルンスト・シュミットもいた。アドルフをはじめ彼らは除隊されることになっていた。帰還した兵士達で職業を身につけていたものは、次々と兵役を解除され、兵舎を去っていったのである。しかし、就学すら中途で放棄し、職業学校へ通って職を身につけることを何らしなかったアドルフは、そうすることができなかった。彼は再び途方に暮れたのである。戦争中やっと生き甲斐を見い出し、一級鉄十字章に輝いた彼も、兵舎を去って一体何ができるというのであろうか。戦後の困窮と空腹であえいでいた社会で、絵描きの仕事を再びはじめるということは、とうてい不可能であった。何とかパンにありつき、疫病からのがれ、生きのびることを国民のみなが求めていた中で、絵を描いて売るなどということはとんでもないことであった。

『わが闘争』でアドルフが当時すでに政治家になることを決意していたと述べているのは、後々の彼による脚色であって、一九一八年秋、ミュンヘンへ帰った当時の彼はまだ決してそんな決意をしていなかった。

どうしてよいかわからないまま、できるだけしばらく兵舎に残ることを考えたのである。そして事態を静観することにし、積極的な行動に出ることを控える生き方を選んだ。ミュンヘンの連隊兵舎は労兵評議会レーテの管理下で混乱と無秩序が支配し、戦場帰りの将校達と評議会レーテの不和が絶えなかった。そんな状況の中でアドルフはどちらつかずの中立、無関心、口を閉じる保守的な態度に出たのであった。それは、彼が当時どのように生きてゆくかについての確信もなく、行動への決意も持ち合せていなかった証拠でもあった。

戦友のエルンスト・シュミット以外の兵士達との交際もせず、周囲を観察するような生活を続けた。しかし、彼が労兵評議会配下の無秩序な兵舎の毎日を嫌悪していたことは疑いない。「僕はここでの生活はもうとうてい長続きはしない」（『ミュンヘンのヒトラー』、一九一頁）ともらしていたことからも明らかである。それでも自分をぐっと抑え、沈黙を守ったのである。そうした兵舎での生活をはじめてから二週間後、十二月六日金曜日、兵舎から逃れたい希望もあって、アドルフはシュミットとともに百四十名の兵隊に加わってミュンヘンの東南にあるキーム湖東の捕虜収容所、トラウンシュタインへ出掛けることになった。ロシア人、フランス人その他の捕虜千六百名ほどを監視するためである。バイエルンに革命が起き、社会主義政権が生まれた結果、大部分を占めるロシア人捕虜のより厳格な監視が必要とされたからであった。しかし、トラウンシュタインの収容所も労兵評議会の配下にあったため、秩序は乱れていた。そして捕虜はどんどん釈放され、故国へ送り出されていたこともあり、収容所での仕事らしいものはあまりなかった。

一九一八年十二月二十五日のクリスマスまでには、大部分のロシア人捕虜は帰国のため送り出されてしまい、収容所は殆んどからになっていた。そのためアドルフは一九一九年一月下旬にはミュンヘンの兵舎に再び戻ったのである。そして二月十二日には兵務を解除される予定で他の中隊へ移され、殆んどすることもなかったので、兵舎の片づけや整理、物資の移動、引越しなどの仕事に従事していた。彼の戦友シュミットは当時のことを次のように報告している。

「全くやることは何もなかった。そのためわれわれは殆んど病気になるほどであった。ある日、何かすることがないかと要望したところ、古いガスマスクを検査する仕事を与えられた。全く単純な仕事であったが、することにありつけたわれわれは喜んだ。この仕事で一日に三マルクの収入を得た。この収入で時々オペラへ行くことができた」（同、一九四頁）と。

しかし、その仕事をいつまでも続けることはできなかった。兵舎の見まわり、夜警の仕事も次第に不必要となっていったのである。

敗戦後、アドルフのように全く何ももっていなかった多くの兵士にとって、兵舎になんとかして残るのが生きてゆくための殆んど唯一の道だったのである。そこに留まる限り、少なくとも何とか衣食住にありつけたからである。しかも彼らは月に四十マルクほどの俸給も受け取ることができた。たとえ職業を身につけていて兵舎を去っても、戦後の苦境下では、まずまともな仕事にはありつけなかったのである。

兵舎を牛耳っていた労兵評議会を毛嫌いしていたアドルフが沈黙を守り、おとなしくしていたのは、すでに二十九歳になって何の道も見い出すことができないまま、自分自身の処遇に困ったため、体制に順応する以外に仕方がなかったからであった。オーストリアを捨てた祖国なしの彼は、生活と将来への道を兵舎にて模索し続けたのである。

革命体制への順応と傾倒

大著『ヒトラー伝』を著した歴史家ヨアヒム・フェストは、アドルフが革命時代に兵舎での生活中、左翼の集会に参加していたと主張し、その証拠としてミュンヘンでの左翼集会の中に佇むアドルフの写真をあげている（J・フェスト著、一五七頁）。

しかし、彼が社会主義者の集会に参加し、熱心に耳を傾けていたとしても、それをもってアドルフが戦後の革命期に左翼に傾いていたとは必ずしもいえない。それは彼が社会主義的な運動や行動に出たという確実な裏付けはないからである。ただ戦場から知人にきわめて国粋主義的、右翼的な手紙を書き送っていた彼が、敗戦後の革命時代を通じて何ら反革命的行動に出なかったばかりか、革命体制に順応し、ミュンヘンの兵舎で労兵評議会の配下でおとなしく義務を果していたことは事実である。歴史家W・マーザーは、当時アドルフが社会主義者が身につけていた赤い腕章をつけて兵舎で仕事をしていたであろうと推測している。内面の思想はともかく、表面的にはミュンヘンの革命政権を是認していたと

社会主義者の集会に参加するアドルフ（囲み）、1919年冬

いえる。将来の展望がなく兵舎に居残り組になった時点で彼は、そうとりつくろわざるを得なかった。戦場では命がけの行動を何らいとわなかったにもかかわらず、今や沈黙の人と化したのである。

歴史家やジャーナリストの中には、アドルフが社会主義を肯定し、社会民主主義者であることを自認していたと主張する人もいる。例えば当時のジャーナリスト、アロイス・フンドハムマーやコンラート・ハイデンなどの報告がある（『ミュンヘンのヒトラー』、二〇二頁）。また当時、社会民主主義についての見解や議論において、兵士であるアドルフの多彩な博識は多くの注目を浴びていたといわれる。しかもK・ハイデンは、彼が社会民主党（SPD）に入党すると述べていたとさえ言っている（同、二〇二頁）。

さらに、一九一九年二月十六日のミュンヘンでの一万人参加の左翼デモに、たぶんアドルフも参加していたにちがいないとA・ヨアヒムスターラーは見ている（同、一九七—九八頁）。この大デモ行進には独立社会民主党や共産主義者、アナーキスト、労働者の左派急進派などがたくさん参加していた。

武装した共産主義者達

ところで、ミュンヘンの兵舎でかつてのアドルフの上官であったカール・マイルは後年、総統アドルフ・ヒトラーの敵対者としてアメリカの雑誌『現代史』（一九四一年三月号）に次のような記事を発表し、当時のアドルフについて述べている。

「私はかつてヒトラーの上官であった。当時彼にとって肝心なのはドイツ民族でもなければ、（祖国）ドイツでもなかった。彼はやせこけた空腹ののら犬のように、仕える主人を求めてさまよっていたのである」（同、二三〇頁）と。この証言は、当時アドルフが生活への不安の中で、いろいろな方向を求めさまよっていたことを暗示するものといえる。そして確実なことは、彼が兵舎を統治していた労兵評議会レーテに何ら抵抗、批判することなく、革命体制に順応していたということである。しかも一九一九年二月、労兵評議会により信任できる人物（フェアトラウエンスマン）に選ばれていたということは、社会主義者、共産党員などにより同胞と看做《みな》されていたと理解しなければなるまい。アドルフは兵舎内で革命政権の信任者として職務を果していたのである。

時あたかもワイマールでは国民議会が開かれ、社会民主党（SPD）のフリードリヒ・エーベルトが臨時大統領（在位一九一九―二五年）に選出され（二月十一日）、フィリップ・シャイデマンの連立政府（社会民主党、中央党、民主党から成る）が成立した時のことであった。ドイツは敗戦後の混乱の中から、二十歳以上の男女の平等選挙による国民議会ではじめて民主主義中央政府を成立させたのであった。このワイマール国民議会は、一応ドイツ革命後に成立した全国の労兵評議会レーテを基礎として生まれたものであり、引きつづき労兵評議会レーテが実権を握っていたのである。

だがしかし、臨時大統領F・エーベルトとワイマール民主主義政府は、秩序を維持するため、反革命派の義勇軍（帝政派将校や復員兵士などから成る）の力に頼らざるを得なかったので、次第に保守・反動的性格を帯びていった。最初の国防相になったG・ノスケは、国防軍と義勇軍を各地へ派遣し、左派急進派や共産主義者、労兵評議会レーテのゼネストを次々と鎮圧していったのである。アドルフのいたミュンヘンでは、一九一九年二月二十一日、革命後バイエルン共和国の首相になっていたクルト・アイスナー（独立社会民主党）が右翼の青年将校に射殺された。ドイツ革命の先端をきってバイエルン王国を倒して首相になったアイスナーの暗殺は、全国の左翼勢力を憤激、硬化させることになり、労兵評議会は各州で政治の実権を握ることになった。

ロシアから来たユダヤ人共産主義者
オイゲン・レヴィネ

K・アイスナーの亡き後、三月中旬に、多数派の社会民主党ヨハネス・ホフマンがバイエルン評議会共和国政府の首相に選出される。しかしホフマンの穏健派社会民主党の共和国政府は、ミュンヘンの混乱と左派急進派、アナーキストなどの不穏な動きを避け、バンベルクに政府を移して、行政の任に当たるのである。ミュンヘンではトゥーレ協会や軍人・兵士などの反社会主義、反ユダヤ主義の右翼勢力と共産主義者、左派独立社会民主勢力が対立を続けるが、四月には社会主義評議会レーテが実権を握ることになる。四月十三日にはロシアからの共産主義者オイゲン・レヴィネやマックス・レヴィエン、トビアス・アクセルロードなどを中心とするバイエルン共産主義評議会共和国が酒場のホーフブロイハウスの集会で宣言され、それが最高の政治・行政機関とされた。そうして一時的に赤軍が最高軍事指揮権さえ握るのである。

この外来の共産主義者達が実権を握っていた時のミュンヘンのカオス状況につき、当時のヴァティカン大使E・パチェリ（後の教皇ピオ十二世）は次のように教皇庁に報告している。

「ミュンヘンで政権を握っている革命家M・レヴィエンの詰所は、筆舌に尽し難いほど入り乱れていて、全く混沌としています。その汚さは吐き気をもよおさせるほどです。そこには赤軍兵士と武装した労働者が出入りしていて……叫びや下品な言葉、ののしりが飛びかい、全くの地獄です。その革命家レヴィエンは三十から三十五歳ぐらいのロシアから来たユダヤ人で、顔は青白く、不潔で薬の不正常用か目は赤く、……下品であり、いや気がさすような人物です」（拙著『ローマ教皇とナチス』、五三頁）と。

こうしたカオスの状況を、アドルフはミュンヘンの北にあるオーバーヴィセンフェルトの兵舎で全て静観、体験し、その体制下で振舞っていた。この事実についてアドルフは後年ナチスの指導者になってからは全く沈黙している。彼のミュンヘン時代を詳しく研究し、多くの新しい事実関係を明らかにした歴史家A・ヨアヒムスターラーは、青年アドルフが兵舎での居残り兵士として、当時少なくとも社会主義に傾倒していたこともあったと見なければならないと主張している（同、二〇二頁）。

それを示唆する一つの事実として、後々ヒトラー・ナチスの党員になるグループには、元ミュンヘン労兵評議会のメンバーやその支持者、また共産主義者さえいたのであり、彼等はかつてのアドルフの兵舎での同僚でもあったのである。例えば、後のヒトラー総統の忠実な運転手ユーリウス・シュレックは、当時共産党の党員だったという見逃せない事実がある。

急な極右翼思想の形成

一九一八年秋のドイツ革命以来、労兵評議会レーテが全国でなお実権を握っていたとはいえ、翌年二月ワイマールで成立した社会民主主義者を主力とする共和国政府は、フリードリヒ・エーベルトを臨時大統領として国内の秩序維持を理由に軍部や義勇軍の力を借りて革命派の弾圧を開始していた。すでにベルリンでは一九一九年一月、共和国政府の委託を受けたグスタフ・ノスケは義勇軍などの軍事力をもって共産主義急進派の弾圧を行い、ローザ・ルクセンブルクやカール・リープクネヒトなどを殺害していた。これを契機としてノスケの軍隊はドイツ各地の革命運動やストライキなどを粉砕していったのである。

南ドイツ・バイエルンでもミュンヘンの共産党政権とバンベルクのホフマン社会民主党政府の対立が続いていた。四月十五日にはミュンヘン北のダッハウで両軍の戦闘すらあったが、ホフマン政府は次第に人民の支持を得るようになっていた。中央政府の防衛大臣に就任したノスケは、政府軍と義勇軍を駆使し、四月三十日にはミュンヘンを三方から包囲し、ついに五月一日から二日にかけノスケの軍隊は市内へ突入し、内戦の結果、革命政権、共産党を虐殺、追放し、労兵評議会レーテの支配を終わらせたのである。

このような動きの中で、アドルフは一九一九年四月十五日、連隊兵舎での労兵評議会レーテの選挙で委員に選ばれていた。その日、評議会は兵舎の兵士に次のようなビラを配布していたが、評議会委員になったアドルフは、多分このビラを配布した人物の一人であった。

「ミュンヘン労兵評議会共和国のもとにあるミュンヘンの兵士諸君に告ぐ。……全兵舎はレーテ共和国（共産主義政権下の）を防衛するため、あらゆる兵隊と武装した労働者は団結している」（『ミュンヘンのヒトラー』、二一四頁）。

アドルフはこのように労兵評議会レーテの委員になっていたため、五月一日の午前中に政府軍が兵舎を占拠した時、反革命派によって逮捕されそうになる。しかし彼が元来保守、民族主義思想の持ち主であることを知っていた上官の証言により逮捕をまぬかれたのである。

事実、アドルフは兵舎でレーテの委員に選ばれてから、次第に政治論議に参加するようになり、それまでの沈黙を破って、自分本来の考えを述べるようになっていた。

政府軍や義勇軍がミュンヘンに向かって来た時、共産主義評議会は兵士達にミュンヘンの防衛を呼びかけたが、アドルフはイスの上に立って仲間に訴え、「戦友諸君、われわれはよそからやってきたユダヤ人に手を貸すための革命部隊ではない。……中立を守ろうではないか」（『人間としてのヒトラー』、一六四頁）と演説し、兵士達が共産主義評議会に背を向けるよう仕向けてしまったのであった。

革命体制に沈黙を守ってきた彼も、反革命軍によりミュンヘンが共産主義政権から解放される頃には、はっきりと反共的態度を明らかにしていた。

革命政権から解放されたミュンヘンの兵舎では、直ちに居残り兵士達の除隊が実施されていった。アドルフも兵務を解除されることになっていたが、見識を評価され、今度は除隊される将校や兵士達が革命政権とつながりを持っていたか否かを調査する委員に選ばれたのである。こうして反革命政権下に入った兵舎に引き続き留まることになったのである。

実は、この時をもってアドルフの沈黙は終わり、彼の将来につながる政治活動への動きがはじまることになる。

一九一九年五月はじめの革命政権崩壊直後のミュンヘンにおいて、彼が長年にわたり学び、考えてきたことが思想としてかたまり、政治行動への出発点となってゆく。一九一九年五月十日、革命調査委員会の構成メンバーが次のように発表される。
一、メルクリン大尉
二、クレーバー軍曹
三、ヒトラー上等兵
以上の三名であった。上等兵にすぎないアドルフが委員に選ばれたことは注目に値することであったが、それは彼の発言や見識、演説が多くの関心と評価を受けていたからであった。毎日午前中アドルフは除隊兵と次々に面談し、革命政権に関わっていたか否かを個々に調査、尋問するとともに、場合によっては勧告をするという仕事に従事した。除隊調査をはじめて三週間後に委員のクレーバー軍曹は任務を解かれたが、アドルフはその仕事ぶりを高く評価され、そのまま任務の継続を委託されたのである。革命派が追放された今、アドルフの保守的、ドイツ民族主義的な考え方は新体制により受け容れられやすかったのである。

こうしてすでに幾度となく除隊させられるはずであった彼は、反革命軍のもとで貴重な人物とされていった。次にアドルフを待っていた仕事は、第一次大戦後各地で捕虜になっていた兵士が続々と帰還していたが、それらの釈放されて帰ってくる兵士に反共産主義的、愛国主義啓発教育を行うことであった。そのためベルリンの国防軍支援のもとにバイエルン国防省司令部が主催した政治思想啓発指導者講習会に参加する指令を受け、ミュンヘン大学における講習会に赴いたのである。アドルフを高く評価していた連隊長のシュタウプヴァッサー大佐によって抜てきされたのであった。

一九一九年六月五日木曜日から十二日水曜日までの五日間の講習会で、六人の教授達から保守的政治経済思想、歴史などの講義を受けた。その講師の一人にはきわめて右翼的な経済思想家ゴットフリート・フェーダー（一八八三―一九四一）がいた。アドルフはこのフェーダー（後年ナチ党の国会議員になる）の「金利奴隷制打破」論から大きな影響を受けることになる。フェーダーの反ユダヤ的金利奴隷制論は、アドルフの反ユダヤ主義思想の根幹をなしてゆく。

一週間単位で行われたミュンヘン大学ルートヴィヒ通りの校舎一四二講義室でのセミナーに二ヶ月にわたって数回参加した彼は、従来の自らの考え方や右翼思想を着々と確信あるものにしていったのである。十代半ばのリンツ時代にはじまった考えや思いは、失意のウィーン時代における自己学習によって政治思想へと発展し、戦争時代の体験で次第に深まり、軍部主催の右翼思想研修会により、独自の確信せる世界観、極右翼思想を作り上げていったのであった。

十数年に及ぶアドルフの思索の旅、彷徨、迷いは、ついに《ひらめき》を得たかのように、総括、総合されていったのである。しかし、その思想は偏見と憎悪に満ちた、生か死かの闘争と破滅への道につながるものだったのである。

政治活動の開始、弁舌の天才

アドルフを政治活動の闘士に祭り上げたのは、何といっても彼の弁舌の才能であった。これなくして彼は仲間や上官、大衆の注目や支持を獲得できなかったであろう。弁舌の巧みさ、説得力こそ、彼を後々ドイツ国家の首相はおろか、総統の地位にまで高める原動力となったのである。もちろん、それにアドルフの持ち合せていた妥協のない意志貫徹力、強靭な精神、広い知識、学識が欠かすことのできない役割を演じたことは言うまでもない。

彼の話の巧みさ、ファナティックな説得力はすでに少年時代から知られていた。普段は控え目で無口なアドルフではあったが、いったん話しはじめると興奮し、異常ともいえる力強い口調は、多くを自分に引きつけ、説得してしまうのである。それは戦場でもそうであったし、戦争帰りの兵舎でもそうであった。

そもそも彼が自分の存在感を高めていったのは、兵舎で口を開きはじめてからのことである。アドルフの雄弁は決して相手や聴衆を引きつけるだけではなく、彼の確信に満ちた力強い発言、口調は、敗戦で士気を失い、意気消沈していた兵士達を目覚めさせ、勇気づけたりする力も十分持っていた。しかし、また同時に怒りや不満、憎悪、偏見、復讐心などを吹き込み駆り立てる力も持っていた。政治活動に飛び込んだ後のアドルフは、弁舌の才能を大衆の不満や怒り、敵対心をあおり立て、扇動することによって自分に対する支持を拡大してゆくために大いに役立てたのである。

一九一九年夏の保守政治思想講習会で多くを学び取り、行動への思想を作り上げていったアドルフは、丁度三十歳になったところであった。今や彼は政治活動で生きる道を切り開いてゆこうと決意していた。

その年の八月中旬以降、ミュンヘン西のレヒフェルトの兵舎に政治思想啓発教育の講師として派遣された彼は、帰還兵に対する保守政治思想の教育に専念し、その模範的な職務遂行は、上官カール・マイル大尉を十分満足させるとともに、尊敬の念さえ抱かせたのである。

「(アドルフは)きわめて優れた熱狂的な将士で、聴く者すべての注目をわが身に惹きつけてしまう」(当時の一報告書、『人間としてのヒトラー』、一六九頁)。

啓発教育のため二十三人の講師がレヒフェルトの兵舎へ派遣されたが、その中でアドルフは最も名声を博した人物であった。特に彼の反ボルシェヴィズムの話は、共産主義ロシアでの捕虜から釈放された多くの帰還兵士を感心させたのである。

八月二十三日には、「平和の条件と再建」というテーマの講義をしている。討論会においてもアドルフは常に指導的発言においてすぐれ、説得力があった。

こうして彼の思想と行動への自信は、一段と高まっていったのである。五日間に及ぶ帰還兵士の啓発教育を終えた彼は、八月二十五日、ミュンヘンの連隊へ戻った。すると彼には次の使命が待っていたのである。

当時、共産主義政権を一時的にではあったが体験したミュンヘンには、その反動としてきわめて多くの右翼団体、反共、反ユダヤ的政党・同盟・組織・団体が存在し、急進派右翼によるテロ、暗殺事件がしばしばおこり、社会不安を高めていた。そこでミュンヘンの連隊第四司令部は、殆んど五十に及ぶ、それらの政党や団体を監視・調査していた。

一九一九年九月十二日金曜日、アドルフは上官マイルの指示でドイツ労働党（DAP）の集会に出席し、調査することになった。ドイツ労働党は、ワイマール国民議会選挙（一月十九日）の二日前に創立されていた右翼政党で、労働者や一般民衆の間に国粋的、民族主義的思想を広めることを目的としていた。そしてベルリンの社会民主主義ワイマール政府に対抗して、地方に右翼思想を拡大しようとしていたのである。

九月十二日夜、市心の飲み屋シュテルンエッカーブロイで開かれたドイツ労働党の集会に出席したアドルフは、四十数名ほどの出席者にまじって、かつてすでにミュンヘン大学で聴講したG・フェーダーの「金利奴隷制問題」についての講演などに耳を傾けたが、特にどうということもなく会場を立ち去ろうとしたところ、これから討論会をやるから残ってほしいといわれ、そのまま会場に留まった。その政治討論の場でアドルフはいろいろと確信に満ちた発言をしたため、党首ドレクスラーや出席者を驚かせ、感心させたのである。その時の彼の発言がどんなものであったかは明らかでないが、確かなことはドイツ労働党党首より「今後党の集会に是非出席してほしい」と懇請されたことである。

この一九一九年九月十二日夜の集会での発言こそ、彼の具体的政治活動の第一歩であった。そして数日後にはドイツ労働党への入党が認められた（むしろ入党を要望された）のみならず、党の幹部委員会への出席すら頼まれたのである。歴史家A・ヨアヒムスターラーがあげているドイツ労働党の議事録によると、アドルフの入党は一九一九年九月十六日となっている。実は、この九月十六日という日は、彼がはじめて書簡において反ユダヤ主義思想をはっきりと書きしたため明らかにした日でもあった。

政党への入党という政治活動のはじめと、彼の政治闘争の重要課題である反ユダヤ主義の公言が相俟って、彼の生涯の方向を定めた決断の日となったのである。アドルフは軍部に籍を置いたまま、政治活動をはじめたのであった。その一ヶ月後の十月十三日には、エーベルブロイケラーのビヤホールで、早くもドイツ労働党の宣伝者としてはじめて演壇に立ち、持ち前の激しい口調で、ドイツ民族の敵には共同し団結して立ち向かうことの必要性を説き、ユダヤ人攻撃を行っている。すでに彼はドイツ労働党の指導的演説家になっていた。その自信もあって、アドルフは十月十九日には改めてかしこまった書簡を党の本部に送り、自己紹介をするとともに、一級鉄十字章の受章者であることも伝え、今後自分を党の宣伝のための演説者（ヴェルベレーデナー）として認め、謝礼を考慮してほしい旨を申し出ている（『ヒトラー資料集』、九一頁）。そして十一月十三日には正式な党の宣伝者として、三百人満席の集会（エーベルブロイケラー・ビヤホール）で筆頭演説者として登場するまでになっていた。参加者は五十ペニヒの入場料を払ってのドイツ労働党の集会であったが、この日は労働者の出席は少なく、多くの学生、将校、商人で会場は最後の一席まで満たされていた。こうした多数の知的聴衆を前にしたアドルフは、ブレスト・リトフスク条約（ロシア政府とドイツとの間に交わされた条約）並びにヴェルサイユ条約の糾弾、ユダヤ人の戦争責任、ユダヤ人に牛耳られた無能なワイマール体制などを鋭い口調で攻撃し、汗を流しての熱演であった。そして「目下のドイツのみじめさは、ドイツの鉄血により打破されなければならない。いずれ必ずやその日がやってくるにちがいない」という言葉で演説を結び、聴衆の大喝采を浴びたのである。

この演説家としてはじめての一人舞台での大成果は、アドルフの政治活動への自信をますますゆるぎないものにしていった。演説で自分の政治論を展開するということは、大衆を説得し、指導することであり、同意した民衆を糾合して統率し、より大々的な政治活動へと発展してゆかねばならない。それはまた反対派グループとの対立、闘争の過程でもある。したがって闘争としての政治活動は、指導者のもとに同志の共同体としての政党を必要とする。アドルフは演説者として注目を浴びるようになった一九一九年秋には、すでに新しい政党の創立を考えていた。彼の新党結成の意図は、翌年一九二〇年二月下旬には彼の政権へとつながる、国家社会主義ドイツ労働党(NSDAP)となって結実するのである。ここにドイツ民族と全ヨーロッパの破滅へとつながる悲運な闘争への道が開かれてゆくことになる。

受けた反ユダヤ主義

弱冠三十歳の青年アドルフの政治運動のはじめに、異常な考え方としてはっきりと持ち出されるのが反ユダヤ主義である。ある一定のユダヤ人といわれる人々を《人種》として規定し、その人種としてのユダヤ人と徹底的に対決しなければならないと主張する。そして最終的にはユダヤ人を〝排除〟（エントフェルヌング）しなければならないとするのである。更にそれは、後々彼らの〝絶滅〟（フェアニヒトゥング）へと発展してゆく。その際理解に苦しむのは、若いアドルフの反ユダヤ人観が恐ろしく徹底したもので、容赦のない冷酷と偏見、憎悪に満ちた、妥協の余地のないものだということである。しかもそうした反ユダヤ主義は、政策的な闘争の手段として実行されなければならないと強調する。更に問題なのは、反ユダヤ政策の対象がユダヤ人資本家や富豪経営者のみならず、《人種》としての老若男女全てのユダヤ人といわれる人々に向けられていることである。アドルフの偏見によれば、全てのユダヤ人は排除し、片づけてしまわなければならないのである。

一体なぜ、どのようにして彼は政治活動のはじめに、このような主張をするようになっていたのであろうか。誰もが問うてみたくなる疑問である。一部のユダヤ人に対してならともかく、全てのユダヤ人を政治的攻撃の対象にしようとするのは、どう考えても納得がゆかない。この疑問に対してはあらゆる議論がされてきたものの、終極的には不可知論で終わっている。なぜなら、アドルフが全てのユダヤ人をそれほど憎悪し、攻撃し、排除してしまわなければならないような具体的な理由、根拠、事実は何もないからである。ブリギッテ・ハマーンの最新の研究におけるアドルフとユダヤ人の関係（『ヒトラーの高貴なユダヤ人』、二〇〇八年版）を見ても、彼がユダヤ人の存在やあり方をそれほど憎悪し、否定しなければならない理由や背景は全くないのである。彼がティーンエージャーのウィーン時代よりユダヤ人に対し何らかの反感や嫌悪感を持つようになったことは、われわれの知るところであるが、『わが闘争』で述べる「私は徹底した反ユダヤ主義者になった」というのは、後々の彼の脚色であって、事実とかけはなれており、当時はまだ決してそうではなかったのである。戦後の兵舎では多少の反ユダヤ的発言はあったが、政治的攻撃の対象としてはっきりとまとまった反ユダヤ主義を公言したのは、一九一九年九月十六日付の書簡においてであった（詳しくは拙著『ヒトラーとユダヤ人』、六八頁以下）。

「ユダヤ人は千年にわたる同種交配、繁殖により、おどろくほど人種としての特性を維持しており、ドイツにおいてあらゆる政治上の権利を享有しながら、人種としての独自性を少しも放棄しようとしない。彼らの価値は全て金の力によって計られ、金と権力のためには手段を選ばない。彼らの力である金は、彼らの手の中で金利の形で際限なく増大してゆく。彼らの活動は諸民族に病的症状をもたらしている。この事実を認識し、計画的、法的な反ユダヤ政策が講じられなければならない。その対策の最終目標は、絶対にユダヤ人の排除でなければならない」（『ヒトラー資料集』、二四七頁）。

このようなアドルフの反ユダヤ思想は、その十一ヶ月後になると（一九二〇年十一月十三日の反ユダヤ演説）、より一段と激しくなり攻撃的になる。以下ごくその要点のみを紹介する。

一、ユダヤ人は劣等人種であり、あらゆる欠陥を持っており、芸術や文化の創造力がない。

二、彼らは諸国民の間に寄生して利益をむさぼる寄生虫であり、国際的な結束による経済支配をもくろみ、国家の崩壊を目指している。

三、そうしたユダヤ人の罪は死に値するといってよい。時至れば彼らとの対決は徹底的に行わなければならない。（詳しくは拙著『ヒトラーとユダヤ人』、七六―八二頁）

このアドルフの根拠のない空論は、ナチスがドイツの政界へ進出するようになると、常軌を逸する狂気としか思えないようなユダヤ人憎悪に発展してゆくのである。

「ユダヤ人はあらゆる不正、不法に対して免疫となっている。彼らはごろつき、害虫、詐欺師であり、また闇商人でもある。……この否定的なユダヤ人はドイツ民族の名において消し去らなければ（アウスラディーレン）ならない」（宣伝相J・ゲッペルスの発言、一九二九年一月二十一日）。

一体どこにそんなユダヤ人がいるのか。なぜこのような全く根拠のないデタラメな主張を政治活動の筆頭に掲げたのであろうか。心底から疑問に思わざるを得ないのである。問題はそうしたでっち上げの叫びが受け容れられていってしまう、少なくとも黙認されていってしまうところにある。

戦場からミュンヘンの兵舎へ帰った時に、アドルフが見聞したバイエルン王国を倒したユダヤ人社会主義者K・アイスナーやロシア系外来者、ユダヤ人共産主義者らによるミュンヘンの一時支配を目の当たりにして、彼の反ユダヤ感情が一段と高まったことは十分推測できる。また帰還兵士の啓発教育のためにミュンヘン大学の講習会で極端な反ユダヤ主義者であるG・フェーダーの「金利奴隷制の打破」などを耳にして、ユダヤ資本家に対する憎しみをより深い、強固なものにしたことも間違いなかろう。

そうして政治活動に飛び込む前の半年ほどの間に、彼の反ユダヤ思想は急速に固まったものになっていったのである。それ以前の反ユダヤ人観にはもやもやしたものがあり、きちんとまとまった考え、思想にはなっていなかった。彼の反ユダヤ人観が、遠く少年時代に愛する母の生命を救うことができなかったホームドクターのユダヤ人医師ブロッホ博士に対する恨みに起源を発しているなどという見解は、とんでもない事実誤認の主張である

（例えば『ヒトラー　一八八九―一九三六』、I・ケルシャウ著、七六一頁、注六三参照）。B・ハマーンの新研究は全くその逆を証明しており、アドルフは総統になってからもブロッホ博士に対する感謝の念は決して忘れず、援助の手を差し伸べていたのである（同、二九七頁以下に詳しい）。

さて、アドルフの政治活動開始時点で明らかにされた反ユダヤ思想は、ちょっと冷静に考察すれば、いかに事実と客観性に欠けているかは誰にでもわかる。

それでは何故、彼はそんな無根拠な反ユダヤ主義を政治闘争の最重要課題の一つに掲げたのであろうか。

それは反ユダヤの主張が庶民一般、労働者、兵士などの共鳴を呼んだからである。政治活動開始の直前に固めた反ユダヤ主義の考え方が、広く民衆に受けることに彼は気づいたのであり、その宣伝効果を素早く悟ったからといえよう。

「一体こんな苦境に誰がわれわれを陥れたのか」と責任と罪のほこ先を求めていた民衆に対し、政治闘争の手段としてユダヤ人攻撃をはじめたのであり、それが庶民に非常に受けたのである。「大衆に受ける反ユダヤ主義」に気づいた若いアドルフは、巧みにその好機に乗じて自己の政治闘争の宣伝文句、スローガンとして掲げたのである。

それはきわめて狡猾で冷酷なやり方であったが、窮状下の民衆は、アドルフの訴える反ユダヤ主義の扇動に乗せられ、引きずられたのであった。その主義、主張の内実や信憑性、論拠の正否が問われることなく、主張すればするほど、宣伝すればするほど支持を得られるということで、政治闘争の手段として格好不可欠のスローガンとなっていった。

そして、ほんのわずかのユダヤ人資本家や富豪に向けられても仕方なかったといえるユダヤ人攻撃は、それと全く関係のない大多数のユダヤ人全体にまで向けられていったのである。許し難いことである。

こうして青年アドルフの政治的野心を満たすため宣伝効果が大であった《反ユダヤ主義》は欠かすことができないものになっていった。

すでに述べたように、彼の青少年時代を振り返ると、彼がユダヤ人をそれほど憎み、否定しなければならない個人的な体験や理由は何もないのである。

果たしてアドルフが心底から本当にユダヤ人を憎んでいたのであろうか。わたしにはそのようには思えない。大衆の支持を得るための政治闘争の手段、タクティークだったのではなかろうか。

闘争の世界観

アドルフにとって政治活動とは闘争（カンプフ）を意味し、それは彼の世界観の根幹をなしている。

大自然、人類社会は絶えざる闘争の中に存在している。人間世界の全てのなせる業は、つまるところ諸々の人種の自己保存本能の衝動（闘争）にすぎない。大自然を観察すればわかるように、強者が残り、弱者が滅んでゆくという自然淘汰の法則が支配している。人類の歴史も同じ法則が支配しているのが現実である。しかし自己の存在を確保し、拡大繁栄させてゆくためには、絶えざる闘争によってのみそれが可能となる。そこに闘争としての政治活動や戦争の意味がある。つまり〝戦い〟や〝闘争〟はすべての事物の父なのである（『わが闘争』上、一九五―二〇〇、四二一―二二、四三〇頁参照）。

ごく簡単にいえば、以上がアドルフの闘争の世界観である。この絶えざる闘争の世界を構成している最も重要なものは、人種（ラッセ）である。人種とは血統、血縁により結びついた運命共同体としての民族集団であり、思想的、宗教的、地理的、領域的また政治的な集団ではない。「われわれ人類の闘争が目ざす目的とは、己の人種、己の民族の存立と増殖の確保……また血の純潔維持、祖国の自由と独立である」（同、三〇四頁参照）という。それ故、人類の歴史とは、人種間の容赦なき戦いであり、冷酷な戦いに生き抜いた人種の勝利と生存の複合体がそれなのである。

こうしたアドルフの闘争の世界観は、彼がミュンヘン一揆に失敗し捕らえられた一九二四年、ランズベルク拘置所で生活している時に著した『わが闘争』において、はっきりと表明されているが、闘争や人種についての考えは、すでにその四、五年も前に政治活動に飛び込んだ時にはもうできていた。例えば、一九一九年九月十六日付の反ユダヤ主義の書簡や一九二〇年八月十三日のナチ党の大集会（ホーフブロイハウス）でのアドルフの長い演説（三十三頁にもわたる）などの中にはっきりと表明されている。

しかし青年アドルフの思想的遍歴の総まとめといえる『わが闘争』を読んで驚くのは、彼による多くの脚色、捏造、創作、そして少なくない事実誤認は別としても、そこで論じられる闘争の世界観がきわめて単純な論理と一方的な独善、偏見と冷酷さに満ちていることである。その叙述の中で最も攻撃の対象とされている《ユダヤ人》論がいかに空虚で実質のない主張であるかということだ。

「そこではユダヤ人が劣等人種として優れた（?）アーリア人種（＝ドイツ民族）に対置

され、ユダヤ民族は労働意欲のない文化、文明の破壊者であるのに対し、アーリア人種に属するドイツ民族は勤勉な労働意欲に燃えた文化の創造者とされている。したがって高潔なドイツ民族は血の純潔を保たなければならない。劣等な人種との混血は民族や文化の衰退につながり、終《しま》いには国家の崩壊へとつながる。そのため闘争、生存競争の中にある民族はまず優れた血統の純潔を守り、維持するための内部結束を固めることが民族の防衛、存続の第一条件である」（『ヒトラー伝』、一〇六頁）。外部への進出、拡大より、内部の結束こそ優先されなければならない。

ドイツ民族が第一次世界大戦に敗れたのは、内部結束を破壊する異質の劣等グループ（ユダヤ人）の社会主義者、共産主義者、反戦論者が背後で足を引っぱって足並みをくずし、前線で祖国のために死闘を続けるドイツ民族を背後からドスで一突きにしたためである。純血な民族の結束こそ、生存と世界闘争への前提である。

「人種堕落のこの時代に、自国の最善の人種的要素（血統）の保護に没頭した国家は、いつかは地上の支配者となるに違いない」と、アドルフは大著『わが闘争』下巻の最後の結び文句にそう書いている（四四七頁）。それほどドイツ民族至上主義は重要な闘争の大前提なのである。「人種と民族こそすべてである」という考え方は、政治活動をはじめてからのアドルフの一貫した主張となっている。優れた人種、民族の維持、保存は当然闘争、戦いを必要とする。自己保存のための防衛としての闘争と、その防衛をより確実にし強化するためには、先手を打った外部への攻撃が必須である。つまり攻撃的姿勢こそ闘争（カンプフ）の本質なのである。この外部に対する攻撃的闘争によってのみ民族の生存と拡大が可能となる。

こうした人類の歴史を人種、民族間の生存をめぐる闘争という、ダーウィンの社会進化論を借りたアドルフの世界観は、もう一つの新たな側面を打ち出す。つまり生存圏（レーベンスラウム）確保の主張である。

「生存圏の確保」こそ、後年のアドルフによる第二次大戦への原動力となってゆく。敗戦後のヴェルサイユ条約によりドイツは海外の全ての植民地を失い、アルザス・ロレーヌ、プロイセンなどの一部をはじめ多くの領域を失ったことに対する反論として、右翼の政治学者（かつての将軍）カール・ハウスホーファー（一八六九―一九四六）によって提起されたものであった。

丁度『わが闘争』をランズベルクの拘置所で執筆中であった彼を訪問したハウスホーファーから得たのが、「生存圏の確保」の構想であった。これは闘争の世界観を一歩前進させる上で願ってもないアイデアだったのである。

強者が残り、弱者が滅びるという自然淘汰の発想を人類世界にも導入したアドルフの人道性、モラルを欠いた冷酷な闘争の世界観は、「民族の生存圏」を求めて外部、周辺への攻撃を必至とする。その攻撃戦略の方向は、抵抗の弱い東方へ向かうべきとされてゆく(『ナチ用語辞典』、C・シュミッツ・ベルニング著、三七八頁)。その場合、当然のことながら、生存圏の確保、拡大の闘争は流血を必要とするのである。また生存圏とは単なる領域的な広さのみならず、民族の生存に必要な経済力、その他の生活条件をも含む。つまりアドルフの鉄則によれば、ドイツ民族の運命は、内部の結束した民族国家により、絶えざる流血の闘争を通して生存圏の確保、拡大が図られてゆかねばならないというのである。そこに民族の存在と闘争の意義があると見る。こうした闘争の世界観は、そのまま第二次大戦で決行されることになる。そしてドイツ民族のための生存圏の要求は、戦争に敗れ、ベルリンでアドルフが自殺する前に残した遺言(一九四五年二月二十四日付)においてもなお主張されているのである(同、三八〇頁)。

幾千万もの秩序と規律を重んじる理性的といわれるドイツ民族が、三十代半ばの青年アドルフが打ち出した人間性とモラル、良心を無視した酷薄な闘争の世界観になぜ引きずられていってしまったのだろうか。
一体、青年期のアドルフから良心の声や人間的な愛、倫理観を奪い取ってしまったものは何だったのであろうか。

政権への道、破滅への前哨

一九二〇年三月三十一日をもってアドルフは正式に国防軍ミュンヘン兵舎を除隊し、去ることになった。彼はなお、まだ三十歳であった。半年もの間、兵服姿のまま政治活動を続けていたわけである。兵服を脱ぎ捨てた彼は、今や私服で政治家として出発することになった。

すでに四ヶ月前（一九一九年十一月）、ドイツ労働党の集会で数百名の出席者を前に、筆頭演説者、右翼政党の宣伝者として熱弁をふるい、大成果をあげて以来、党の宣伝者として演壇に立つことを依頼され、そのための謝礼（レードナーホノラール）を受けるようになっていたのである。E・イエッケルの資料集を見ると、アドルフは一九一九年十一月以来、兵務を正式に退職した一九二〇年三月末までに、すでに二十数回も党の集会、討論会で演説し、党宣伝の責任者（プロパガンダライター）として指導的役割を果していたこと

ナチ党の前身、ドイツ労働党の催物に列をなす民衆

がわかる。

　つまり、彼は三十歳で右翼思想の宣伝者として収入を得る仕事にありついたのであり、一九二〇年三月末兵舎を去った時、すでに党の宣伝、理論問題に従事する政治家としての職業を身につけていたのであった。また彼の政治活動を支援するパトロンからも経済援助を受けるようになっていった。

　こうして今やアドルフは政治家になったのである。かつて旧友クビツェクとともにリンツでオペラを見て感動し、《政治家になろう》と思ったあの時のこと（一九〇六年十一月）が、今ここに実現したのである。

三十歳で政治家として自信に満ちて出発したアドルフは、強烈な意欲を行動に移していった。

ドイツ労働党の幹部であるカール・ハラーやアントン・ドレクスラー達がみな職業持ちであり、仕事のかたわらにしか党活動ができなかったのに対し、職業を持っていなかったアドルフは一日中党の専従者として党の仕事に専心できた。党宣伝のための演説の準備をしながら、次第に党の理論、イデオロギーの指導者になっていったのである。したがってアドルフが党の中心的存在になっていったのは当然であった。

一九二〇年二月下旬、ドイツ労働党（ＤＡＰ）は国家社会主義ドイツ労働党（ＮＳＤＡＰ、以下ナチ党と称す）と改称されるが、その新しいナチ党の綱領には理論派アドルフの野心と主張がはっきりと打ち出されている。

一、ドイツ民族主義による大ドイツ国家の建設

二、ヴェルサイユ条約の破棄

三、反ユダヤ主義

兵務から正式に解放され、ナチ党の専従者になってから半月後の四月十七日、ホーフブ

ロイハウスでの党の集会では千二百名もの出席者を獲得できるようになっていた。七ヶ月前のドイツ労働党の集会では、わずか五十名足らずの参加者にすぎなかったことからすれば、アドルフの活躍と成果がいかに大きなものであったかが窺われるのである。彼のゆるぎない自信と遠大な野心は急速に拡大していった。

その五月から七月にかけてのナチ党の集会や討論会は、ミュンヘンで月に六、七回開催されている。つまり毎週一、二回の集会が持たれていたのであり、その大方は党の宣伝責任者としてのアドルフによって準備されたものであった。それらの集会（おもにホーフブロイハウスにて）には千人から二千人の参加者があったことから察すれば、アドルフを主力とするナチ党の活動がいかに盛んであったかが知られる。

第一次大戦後、首都ベルリンの社会民主主義勢力に対抗する右翼勢力、団体の巣窟であったミュンヘンで、アドルフが右翼政治活動をはじめたことは、彼にとって大変ラッキーであった。猛烈な活動で次々と右翼勢力を自分のナチ党に吸収していったのである。ナチスの論客、弁士としての彼の名はたちまちにしてミュンヘンで知れわたっていった。

ナチ党が成立してから六ヶ月足らずで国境を越え実現した、ザルツブルクにおける独墺両国の合同ナチ党大会（一九二〇年八月七日）には、志を同じくするチェコスロヴァキア、東シュレジア、ポーランド在住のドイツ人も数百名参加していたことが伝えられている（『ヒトラー資料集』、一七三頁、注一参照）。ドイツ民族を糾合して大国家の建設を訴えるアドルフとナチ党の宣伝は、早くもヨーロッパ各地のドイツ系の人々の共感を得ていた。

アドルフが右翼集会でしばしば演説したホーフブロイハウス

一九二一年七月二十九日、ミュンヘンにおけるナチスの臨時党大会は、すでに久しく党の指導者としての役割を果たし、多大な成果をあげてきたアドルフを、正式に党首に選出し、党の活動における独裁的権限を賦与したのである。この頃から党首としての彼のタイトルには《指導者フューラー》という名称がつけられるようになったが、この《フューラー》というタイトルは、生涯彼の独裁者としての敬称となってゆく。

青年アドルフは、今や弱冠三十二歳にしてナチ党の党首としてファナティックなドイツ民族主義を掲げ、その生存圏を要求し、激しい闘争を展開してゆくことになる。

長年に及ぶ迷い、葛藤、失意から脱出したアドルフはここに一人前の政治家として身を立てたのである。

しかし、彼が生死をかけて果たそうとする政争、闘争のゆく手には、筆舌に尽くしがたい凄惨な所業の数々と破滅への道が秘められていたのであり、《文明の断絶》（ツィヴィリザツィオンスブルーフ）とさえいわれる悲劇が待っていたのである。

エピローグ——よみがえる友情

一九三八年四月九日午後、オーストリア・リンツ市のホテル、ヴァインツィンガーにて

「あゝ、グストゥル（アウグストの愛称）」、ホテルの部屋からロビーに出てきた総統アドルフ・ヒトラーは、少年時代の旧友アウグスト・クビツェクの姿を見つけると、玄関ホールを埋め尽くした政府の閣僚や高官、将軍達が居並ぶのをものともせず、彼のところに駆け寄り、両手でクビツェクの右手を自分に引き寄せると、しっかりと握りしめた。そして昔とかわりない青い透きとおった鋭いひとみで、旧友をじっと見つめたのである。しばしの感動と沈黙がその場を支配した。

旧友に会えた総統の喜びは大変なものであった。アドルフに両手で右手をしっかりとだき包まれたアウグスト・クビツェクは、内からこみ上げる興奮と感動で身体が小刻みに震

リンツ市のホテル、ヴァインツィンガー（右）

え、何も言葉が出なかった。

思えば、一九〇八年七月はじめ、ウィーン西駅で別れて以来、丁度三十年ぶりの再会だったのである。

当時殆んど全ての希望を断たれていたアドルフが、クビツェクに無言の別れを告げ、淋しそうに駅の雑踏の中に消えていったあの日、あの時から三十年が経った今、アドルフは総統としてドイツ民族の運命を背負い、権力の絶頂に立っていた。そして民族の生存圏を求め、強力な軍事力を持ってオーストリアを併合し、チェコのズデーテン地方に支配の手を延ばしつつある最中であった。

クビツェクはアドルフと別れてから四年間引き続きウィーン音楽院で地道な勉強を続け、

一九一二年十月優秀な成績で卒業すると、マールブルク市オペラ劇場の楽団指揮者としての生活に入った。しかし第一次大戦敗北後の生活苦の中で指揮者として再出発することは不可能であったため、田舎の役場の公務員となって趣味で楽団指揮者の仕事を続けながら、平凡な庶民生活をしていたのである。クビツェクはナチ党党首として過激な政治活動を続けている人物が、彼の旧友であることを知ったのは、彼と別れてから十五年後の一九二三年のことであった。

そして一九三三年一月末、アドルフがドイツ政府の首相になった時、旧友として祝いのハガキを送ったが、返事など来るはずがない、と全く期待していなかったのである。ところが半年以上も過ぎた八月はじめ、ミュンヘン滞在中の総統アドルフ・ヒトラーから喜びを込めた手紙を受け取ったのである。アドルフはクビツェクからのハガキを手にしたすぐその日に返事を書いた（本書、三七―三九頁参照）。

そんな背景があって、総統アドルフ・ヒトラーとアウグスト・クビツェクの三十年ぶりの再会が、かつて二人がともにたわむれ、理想に燃え輝いていた郷里の町リンツで実現したのである。

そもそもこの二人が知り合ったのも、一九〇四年十一月リンツのオペラ劇場立見席においてであった。そうした二人の思い出が尽きない地で三十年ぶりの再会が実現したわけである。総統のアドルフは秘書官のマルティン・ボアマンから旧友のクビツェクがホテルのロビーに来ることを聞いていたが、他の閣僚や将軍達はそれを全く知らされていなかったため、突如として起こった総統と旧友の出会いに驚き、直立不動の姿勢で二人の方へ注目の視線を向けていた。アドルフは彼らに目を向けることもなく、ロビーに立ち並ぶ人々を待たせたまま、クビツェクをホテル三階の自室に連れていった。

二人になったところで、再びアドルフはクビツェクの右手を両手でしっかりと握りしめ、無言のうちにしばらく旧友をじっと見つめた。

「クビツェク、あなたは昔のあの時と同じで全く変わっていない。あなたをすぐ一目で見つけることができました。ただわれわれは年をとっただけです」と、ていねいに話しかけた。そして旧友にイスを勧めると、こんなに長い年月の後、再会できたことをどんなに喜んでいるかをアドルフはクビツェクにたんたんと語った。

「残念ながら、私は他の誰もがしたいことをするあの時のような私的な生活はもうできない」と言うと、淋しそうに席を立ってドナウの流れを展望できる窓辺に立った。三十五年近く前に二人が知り合った頃、毎日のように渡ったドナウの橋を見つめながら、《人生で一番美しかったあの時のこと》を思い、アドルフはクビツェクにとめどなく語り続けたのである。きっと彼は初恋のシュテファニーのことにも思いを馳せていたにちがいなかった。

しばらくして窓際から席に戻ったアドルフは、旧友の職業や家族についていろいろと尋ね、特にクビツェクの三人の息子については関心を示し、親代りになって息子達の音楽、芸術に関する教育費を全て負担したい旨を告げると、すぐに側近を呼びつけ、その指示を行った。かつてウィーン時代に母を失い、将来も全くお先真っ暗でしおれていたアドルフに幾度となく小包を送り、彼を慰めつづけてくれたやさしいクビツェクの母親のことも彼は決して忘れていなかった。

次々とクビツェクのために何かをしたいという申し出に、全くとまどった彼はありがたく感謝しつつも丁寧に断ったのである。

ホテルの部屋で二人だけになってから、すでに一時間半が経っていた。総統になった旧友のアドルフにほんの一言あいさつできればと期待してホテルにやって来たクビツェクであったが、アドルフは側近、閣僚、将軍達の一団をホテルのロビーに待たせたまま、旧友に再会したことの喜びと懐かしい昔の思い出をともに語り、味わいたいと一時間半も時間をさいたのである。総統になった旧友に再会し、すっかり興奮し、おどおどしたクビツェクは、アドルフが語る昔の思い出話に夢中になって耳を傾けるばかりであった。

終わりにアドルフは、いま一度クビツェクの手をとって両手で握りしめると、「クビツェク、わたしたちが度々会って話し合うことが必要だということをわかってもらえましたね。わたしの時間が許す限り、またあなたに連絡をしましょう」と微笑んで約束した。

一九三九年八月三日午後、バイロイト・ワーグナー家にて

一九三九年七月上旬のある日、上オーストリア・エフェルディングに住むアウグスト・クビツェクは、ベルリンの総統官邸より書留便を受け取った。それは旧友アドルフからのバイロイト音楽祭への招待とワーグナー家の客人としてバイロイトに滞在するようにとのことであった。

音楽を志したクビツェクにとって、バイロイトの音楽祭に行くことは、生涯の夢であった。今それを旧友のアドルフはかなえてくれたのである。しかもR・ワーグナーの息子ジークフリート・ワーグナー（一八六九―一九三〇）の未亡人ヴィニフレッド・ワーグナー家の客人として一週間、毎日特別席で観劇するという、夢のような招待であった。七月二十五日水曜日、初日の『さまよえるオランダ人』ではじまったバイロイト音楽祭は、『ト

リスタンとイゾルデ』、『パルジファル』と進み、八月二日水曜日の『神々の黄昏』をもって終了した。その毎日はクビツェクにとってまさに魔法にかけられたような素晴らしい毎日であった。

ベルリン総統官邸のアドルフに心からの感謝の気持ちを持って、またワーグナー夫人に厚く礼を述べバイロイトを去ろうとすると、ワーグナー家の世話人は、もう一晩ここに留まるようにと意味ありげに勧めたのである。翌日、八月三日午後二時、ナチ親衛隊の将校に迎えられたクビツェクは、ヴァンフリード（ワーグナー）家の大きなホールの前に通された。ホールには多くの特別な地位の人々が集まっていたが、特に軍服姿の将軍や高官の数が多いのが目に留まった。

バイロイト音楽祭でワーグナー夫人を表敬訪問する総統ヒトラー

一九三九年八月三日といえば、ドイツ軍のポーランド侵攻（第二次大戦開始）

四週間前のことであり、総統ヒトラーのもとにドイツの戦争体制がすっかり整っていた時であった。すでにヒトラーは当時、四ヶ月も前（一九三九年四月）に、遅くとも九月一日までにポーランド攻撃を開始せよとの指令を出していたし、チェコ全土を占領し、スロヴァキアもドイツの従属国として、かつてのドイツ都市であるダンチヒ問題でポーランドにも圧力をかけていた時で、戦争開始の緊張感が極度に高まっている時であった。その五月には独伊軍事同盟も結ばれていた。

そうした中で、世界戦争に突入しようとするドイツ民族の統率者、最終責任者としてのアドルフ・ヒトラーの神経がどれほど高ぶっていたのかを、窺い知ることができる。それでも、総統アドルフは旧友のクビツェクとの再会を決して断念しなかった。ホールの片側には両開きのドアのついた大広間があった。二人の親衛隊に守られたドアが開かれ、親衛隊長シャウプに案内されて大広間に立ち入ると、「総統（フューラー）、クビツェク氏が来られました」と伝え、敬礼して親衛隊長は引き下がり、ドアが閉められた。クビツェクはまた昨年のリンツの時と同様、総統と二人だけになったのである。

広間のずっと奥で机に向かっていた総統は、ふと頭を上げクビツェクの姿を見ると、こわばっていた顔がとたんにほころび、足早にクビツェクに近寄り、いつものように両手で彼の右手をしっかりと握りしめた。アドルフの顔は若き日の旧友に会う喜びで、青い透き通った目と顔は輝いていた。

夢に見たバイロイト音楽祭に一週間も招待されたことに深い感謝の意を表したいと夢中になっていたクビツェクの挨拶は、「よく来てくれましたね」という総統の言葉にさえぎられてしまった。彼の手をしっかりと握ったまま、アドルフはクビツェクをじっと見つめ、満足そうな顔をして、彼に席を勧めた。

アドルフと落ち着きを取り戻したクビツェクの二人は、ワーグナーの作品に夢中になって訪れたリンツの劇場やウィーン宮廷劇場のことを回想しながら、理想に燃えた若き青春時代の思い出話に花を咲かせた。

「すべては過ぎ去る。しかし芸術は永遠なるもの」という二人の暗黙の合意は、食べるものを切り詰めても、一番安い立見席を買い求め、芸術の感動にひたることをよしとしていたのである。安い立見席の入場券を手に入れるのにどれほど苦労したことか、下宿の門限に間に合うよう、夜遅く劇場から飛び出して、夢中で下宿先へ走ったことなどなど……。芸術家の卵であった二人の思い出には尽きないものがあった。

「クビツェク、どうぞいらっしゃい」とアドルフは言い、先頭に立ってワーグナー家の庭を通り抜け、夏の青葉にすっかり覆われた玉じゃりの道を行くと、威厳ある鉄格子の門のある墓の前に出た。そこは偉大なる師リヒャルト・ワーグナーの眠る墓所だったのである。二人がすでに少年時代からあれほど感動し、憧れた巨匠は今そこに眠っているのだ。身がひきしまり厳粛な気持ちにおそわれた二人は、無言のまましっかりと手を取り合い、しばらくの間沈黙の感動にひたったのであった。

「ともに情熱を捧げた偉大なる師の墓前でわれわれ二人が、今こうして出会うことができ、私は本当に幸せだ」とアドルフはもらした。クビツェクにとってそれ以外何もつけくわえる言葉はなかった。それからアドルフはクビツェクを連れ、ワーグナー家を自分で案内したのである。「私がここに来る時、クビツェク、あなたはいつも私と一緒にいてほしい」というのが、総統アドルフの別れの言葉であった。

一九四〇年七月二十三日午後、バイロイトにて最後の出会い

第二次大戦はたちまちにしてヨーロッパ全土を戦争状態に陥れた。総統アドルフ・ヒトラー指揮下のドイツ軍は、デンマーク、ノルウェー、ベルギー、オランダ、ルクセンブルクを次々と占領し、一九四〇年六月中旬にはパリを占領し、フランスを降伏させてしまう

ほどであった。ヒトラーはまさに権力と支配の絶頂にあったのである。ヴェルサイユ条約を強要してドイツ民族を言いようのない苦境と怒りに陥れたフランスを降伏させた彼は、はなはだ満足であった。イギリスへの空爆は続いていたが、西方の大方を支配下においたヒトラーは、いよいよ戦力を本来の目的である東方へ向けようと考えていた矢先であった。

ヨーロッパの覇者になったヒトラーは、そんな時再びバイロイトでクビツェクに会うことになる。しかしそれが旧友との最後の出会いになろうとは知るよしもなかったのである。

一九四〇年七月八日、昨年と同様、ベルリンの総統官邸からバイロイト音楽祭の入場券がクビツェクのもとに届いた。彼は昨年のような総統とワーグナー夫人による歓待を考えると、重荷に思ったが、旧友アドルフが自分の再来を強く希望していることを考えると、バイロイト行きを断ることなど論外であった。

クビツェクは今年もワーグナー夫人に親切に迎えられ、バイロイト音楽祭に参加したが、極度に高まった戦争の緊張の中で、果たして総統ヒトラーが音楽祭に来ることができるか否か全く不明であった。しかし総統と電話で話したワーグナー夫人によれば、最後の『神々の黄昏』の上演には来る予定とのことであった。

七月二十三日午後三時、ワーグナーの作品『神々の黄昏』の上演がはじまった。その第一幕が終わった中休みに、ワーグナー夫人の息子ヴォルフガングがクビツェクのところにとんできて、「総統があなたに会いたがっている」と告げた。クビツェクはヴォルフガングに伴われてサロンへ行くと、彼を待っていたかのように戦場大本営から飛行機で駆けつけた軍服姿のアドルフが顔をほころばせて現われ、両手を彼にのばして右手をしっかりと抱き包んだ。戦場での日々のせいか、アドルフの顔はすっかり日焼けしていた。旧友に再び会えたことの喜びの表情は、誰が見ても一目でわかるほどであった。サロンの片隅で二人きりになると、アドルフはあらためてクビツェクの手をしっかりと握りしめ、じっと彼を沈黙のうちに見つめ、なんともいえない幸せそうな顔つきをしたのである。

「私がやっとのことで観劇できるのは、今日この一日だけです。戦時中なのでこれ以上はどうにもならない。……私は戦争をするためにドイツの首相になったのではない。本当になげかわしいことです」とアドルフは情けなさそうにもらした。そして孤独で淋しそうな顔をした。

戦場で連戦連勝を続けていた彼がそうもらしたのが、クビツェクにとっては意外であった。そこには勝者としての誇りと自慢の表情は全く見られなかった。

「この戦いは私の大切な年月、日々をみな奪ってしまう。クビツェク、あなたは私がどんなにかたくさんの建設を計画しているか一番よく知っているでしょう（例えば、ウィーンの下宿時代に郷里の町リンツの改造計画を作成したりしていた）。……悲しいことに年月はどんどん流れ去っていってしまう。私達は歳をとってゆくのです」（『わが友ヒトラー』、二八八頁）と続けた。そして「戦争はまだ私を必要としているが、もうそう長くは（勝利まで）かからないと思っている。そうしたら私はぜひ再び建築の仕事にとりかかりたい。そして、クビツェク、私はあなたを私の元に呼び寄せたい。あなたはいつも私と一緒にいてほしい」と語るのであった。

『神々の黄昏』の第二幕がはじまることを予告するラッパの音が鳴り響いた。クビツェクは厚く礼を述べ自分の席へ戻ろうとすると、アドルフは階段のところまで彼に付き添い、立ち止まって見送ったのである。

上演が終わると、総統アドルフが戦場へ戻るために、すぐにバイロイトを去ることを知っていたクビツェクは、急いで劇場を出た。そして、アドルフがたくさんの将校を伴って去ってゆくのを最後に見送りたいと、人垣をかきわけ劇場前の最前列に立って待った。まもなく軍用車の列に囲まれた総統の御用車がやって来るのが見えた。

ヒトラー総統の戦果にすっかり感動していた群集は、一目総統の姿を見たいとつめかけ路上の両側はすっかり埋まっていた。いよいよ総統の車が近づき劇場の前を通り過ぎようとした。クビツェクも最後にもう一目、彼の姿を見たいと緊張した。すると総統の車は護衛の車の列をそれて、クビツェクの目の前にやってきたのである。アドルフは車中より旧友を見つけたので運転手に合図し、クビツェクの前に車を向けさせたのである。車の窓を開け、右手を差し出した総統は満面の微笑みを浮かべ、クビツェクの右手をしっかり握ると、「また会いましょう。アウフヴィーダーゼーン」と告げた。総統の御用車は再び走りはじめた。するとアドルフは今一度クビツェクを振り返り、車中から手をふって別れを告げたのであった。クビツェクの目は涙でうるみ、去ってゆくアドルフの車をもはやはっきりと見すえることができなかった。

これが二人の最後の別れとなったのである。

若い時からおとなしく、礼儀正しい質素ないでたちのアドルフは、少年時代からの唯一の友クビツェクを大切にしたし、戦場でも勇敢な兵士として戦友を大切にしたことはよく知られている。政権の座についてからもかつての戦友に数々の援助の手を差し伸べている。「生涯で一番美しかった時代」と自らも言っていたように、アドルフ・ヒトラーは青少年時代の夢を生涯持ち続けていた。ベルリンがソ連軍に包囲され、ポツダム広場の総統官邸にソヴィエト兵が迫りつつあった時でさえ、彼は少年時代の夢であった郷里の町、リンツ市の改造計画の模型を官邸地下壕で度々ながめていたのである。

憎悪と冷酷と反逆と

アドルフの唯一の友アウグスト・クビツェクとの友情には、心温まるものがある。また若者の彼が酒やタバコもやらず、女遊びもせず控え目でまじめ、清楚な若者であったことは、ミュンヘン時代の下宿の女将ポップの証言からもよくわかる。

乳がんで亡くなる直前の母をやさしく労る彼の姿がどんなに愛らしいものであったかを、友人のクビツェクは深い感動をもって伝えている。ヒトラー家のホームドクターであったユダヤ人医師エドワード・ブロッホ博士が、いつも母を手厚く看護してくれたことをアドルフは決して忘れず生涯感謝し、ユダヤ人の迫害をはじめてからも、ブロッホ博士だけはしっかりと守り、ゲシュタポに決して手出しをさせなかったのである（『ヒトラーの高貴なユダヤ人』、B・ハーマン著、二九七頁以下）。戦場では無口で変り者と言われながらも、戦友を大切にし、その勇気と兵務に忠実な態度は、戦友仲間から少なからず尊敬されていた。

このように彼は、人間として感心できる面もたくさん持ち合せていたことがわかる。

それなのになぜ、彼は後年冷酷無比な行動に出たのであろうか。

アドルフの満たされない若き日の十五年間は、悲しいかな人類にとてつもない傷跡を残すことになる。すでに少年時代から強情で好き嫌いが激しく、むずかしい性格の持ち主であった。また一辺倒でカッとなる性格は、彼自身の人生をより困難にしていった。十分な能力を持つにもかかわらず学業を地道に積みかさねることをきらい、自分でも述べているように、きらいな科目は徹底的にサボったのである。こんな状態であったので、日本と違い成績がきちんと揃わなければ進級できないのがドイツやオーストリアの学校であった(現在でもそうであるが)から落第も当然であった。そして芸術家を志したアドルフは実科学校を中途で退学してしまうことになるが、それがまた彼の行く手をより困難なものにしたのである。ウィーンの美術学校受験を二度も失敗したのも、同じように積みかさねをきらい、きちんと準備しないで受験したからである。

このように青少年時代のアドルフは、彼の強い夢や希望にもかかわらず、手堅い着実性に欠けたため、いつも目標に近づけず、不満と怒りを内心に蓄積していった。他面、彼が自分の夢を実現するために、がむしゃらに自己流で努力していたこともよく知られている。ウィーンで同居していた下宿で、時々部屋中がアドルフの描いたデッサンや絵、作成した図面で床からベッドの上まで一杯で足も踏み込めないような状態になっていたことを、友のクビツェクは体験している。しかし、そうした彼のバリバリやる一方的な独りよがりのすごい努力は、周囲や社会から何ら評価され、認められるということがなかったのである。ここにも彼の不満がうっせきし、自己の努力と能力が評価されないことに対する憎悪、恨みは次第に深く彼の内面に付着していった。

そうした失意のどん底時代を十八歳から二十三歳まで、彼の忌み嫌う多民族混淆の首都ウィーンで過ごしたことは、彼を次第に民族・政治問題に目覚めさせていった。

アドルフの世界観の要《かなめ》となる国粋主義、ドイツ民族主義、諸民族の混淆・混血を否定する理念、ユダヤ人や異民族に対する嫌悪感などが生まれ育ったのが、彼の失望の時代であった。そしてウィーン時代を一層冷酷にしたものは、愛する母の死という出来事であった。唯一の愛の絆である母に死別した後の失意の時代は、彼のウィーン生活をより悲しく、淋しい過酷なものにしていったのである。何をどうしたらよいかわからない放浪生活までしたアドルフは、彼を認めようとしない周囲の世界や社会に対し、逆らい背く否定的な感情を一段と自分に植えつけていった。

一面での彼のがむしゃらな努力と、他面での不運、失敗、失意の連続との溝は、彼をして異常な憎しみと偏見に満ちた一方的な世界観、哲学を発展させたのである。そうした世界観を闘争によって貫徹する考えを植えつけたのが、第一次世界大戦での体験であった。生きること、生存は絶えざる戦闘、戦いであるという信念を生命がけの戦争生活からしっかりと学んだのである。そのようにして形成されつつあったアドルフの世界観は、敗戦後のミュンヘンでの啓発教育担当官時代に、学びかつ教えることによって急速にでき上がっていった。

その後は行動あるのみであった。彼の天才的かつ熱狂的な演説力はたちまちにして当時の大衆を魅惑し、引きつけたのである。闘争としての政治活動は攻撃的なものでなければならない、という彼の一方的な偏見と怒りと不満に満ちた激しい口調は、どんどんとその支持者を増していった。《ユダヤ人》という人々の攻撃をすればするほど、共鳴者が得られることもわかった。

ロシアや東方から流れ込んできたユダヤ人共産主義者がドイツ革命を扇動し、第一次大戦を敗北へと導いたというオーバーなアドルフの演説は、常に期待以上の支持者を獲得していったのである。

彼の実質がない危険で異常な政治主張を押し通すのに、理性を失っていた当時の大衆ほど都合のよい相手はなかったのである。

そして終《しま》いには世界を戦争に引きずり込み、ヨーロッパを廃墟と化し、六百万といわれるユダヤ人の組織的・計画的虐殺という人類史上前例のない大犯罪を犯してアドルフは去っていった。

そこに歴史的必然としてのドイツ史の不幸と、歴史的偶然としてのアドルフの行動と闘争が生み出した世界史上の大悲劇がある。

今年の二〇〇九年四月二十日が、アドルフ・ヒトラーの誕生百二十年の回顧と反省の年であることを思うと、つくづく考えさせられるのは、若き日のアドルフの人生がもっと幸せに進展していたなら、全世界を恐怖とショックのどん底に陥れたあのような悲劇から救うことができたのではないかということである。

そう主張する歴史家は決して少なくない。わたしもその一人である。

あれほど慕った初恋のシュテファニーに対する思いがかなえられ、この上なく愛した母の愛情をもっともっと感受でき、美術家、建築設計家への夢が実現していたなら、アドルフは幸せな家庭を築き、不満も怒りも憎しみもない生涯を終えていたのでは……と思うにつけ、アドルフ・ヒトラー誕生百二十年の反省と回顧には尽きないものがある。

あとがき

本書は第二次世界大戦後、「永遠に許されることのない罪」を背負ってしまったドイツ国民の悲劇の発端を探ろうとしたものである。

ドイツに永く住んでいると、第二次大戦中にドイツ民族の名においてヒトラー・ナチスが犯した前代未聞の犯罪に対するドイツ国民の罪の意識が、今なおいかに深く、なまなましいものであるかを痛感する。ドイツ政府と国民は、六十年以上にわたって犠牲者に対し一貫した謝罪の態度をくずさず、物心両面での償いを果たしてきた。しかも、自分たちの先人の非を認め、歴史的責任を今後も果たそうとしているのである。どの政党の首相であろうと、事あるごとに「忘れてはいけない」、「われわれは歴史的責任を負っている」ということを常に繰り返し、公言してやまない。

こうした政府と国民のゆるぎない謝罪の姿勢は、犠牲者のみならずヨーロッパ諸国を越えて、世界各国から高く評価され、ドイツは今やヨーロッパ連合のリーダーとしての役割を果たすまでになっている。過去のあやまちをきちんと認め、謝罪し、できるだけの償いを果たして、はじめて加害者と被害者間の信頼関係が生まれてゆくのである。

このような考えを根底にすえながら、本書の執筆を進めてきたが、ちょうど書き終わらんとしていた矢先、日本から届いたのが「航空幕僚長の論文、発言問題」であった。このニュースに接したわたしは、思わず唖然とした。

かつての村山首相の声明「植民地支配と侵略によって多くの国々、とりわけアジア諸国の人々に対して多大な損害と苦痛を与えた」（一九九五年）ことこそ、日本国民の一人一人が肝にめいじておかなければいけないことである。にもかかわらず、問題の人間は日本の植民地支配や侵略行為を「ぬれぎぬだ」として謝罪はおろか全く認めようとしないのである。このような客観的事実に対する認識意志欠如の人間は論外であるが、それにもましてショックだったのは、このようなとんでもない主張をする人間に同情、同感する政治家や日本の世論が決して少なくないということである。

こんな状態では日本とアジアの人々との信頼関係がうまくゆくはずがない。日本政府と国民が一致して過去の非を認め、謝罪の姿勢をはっきりと示してゆかない限り、日本はアジアでリーダーシップをとれないであろう。

自分の非を認め善処することは決して恥ずかしいことではない。しかし、それには勇気が必要である。一体いつになったら日本国民はそれができるのであろうか。悲観的である。

アウシュヴィッツ絶滅収容所前の線路の上にローソクと花を捧げる女性

また愚痴になってしまった。それはともあれ、三人の子をかかえ三十一歳で戦争未亡人となった日本に住む母が、九十四歳で今なお健在でいることは、殊の外うれしいことである。

終わりになってしまったが、本書の出版に関しては平凡社編集局長の関口秀紀氏、また編集、校正には編集第二部新書編集部の和田康成氏にいろいろとお世話になった。厚くお礼申し上げる次第である。

二〇〇八年十二月　待降節ロートハイムにて　筆者

参考文献・資料

Bab, Julius, *Leben und Tod des deutschen Judentums*, Berlin, 1988.

Benz, Wolfgang und Graml, Hermann, *Biographisches Lexikon zur Weimarer Republik*, München,1988.

Bosl, Karl, *Bayerische Geschichte*, München, 1976.

Dauerlein, Ernst, Dokumentation : Hitlers Eintritt in die Politik und Reichswehr, in : Vierteljahrshefte für Zeitgeschichte 2/5, 7.Jahrgang, Stuttgart, 1959, S.177-277.

Fest, Joachim C., *Hitler, eine Biographie*, Frankfurt am Main, Berlin, Wien, 1973.

Hamann, Brigitte, *Hitlers Edeljude, Das Leben des Armenarztes Eduard Bloch*, Wien, 2008.

Hitler, Adolf, *Mein Kampf, I-II Band*, 143-144. Auflage, München, 1935.

Hönicke,Andreas,*Die Entwicklung der DAP zur NSDAP(Broschiert)*,München,2007.

Jäckel(hrsg.), Eberhard, *Hitler, Sämtliche Aufzeichnungen 1905 -1924*, Stuttgart, 1980.

Joachimsthaler, Anton, *Hitler in München, 1908-1920*, Frankfurt am Main, Berlin,München, 1935.

Jahresbericht des Bundes-Realgymnasiums Linz, Schuljahr 1974-1975, Linz, 1975.

Kerschaw, Ian, *Hitler 1889-1936*, München, 2002.

Krauschnick, Hermut, Dokumentation : *Hitlers " Grundlegende", Rede über den Antisemitismus*, in :

Vierteljahrshefte für Zeitgeschichte, 16. Jahrgang, 1968, S.390-420.

Kubizek, August, *Adolf Hitler, mein Jugendfreund, 6. Auflage*, Graz, Stuttgart. 2002.

Maser, Werner, *Die Organisierung der Führerlegende, Studien zur Frühgeschichte des NSDAP bis 1924*, Inaugural Dissertation an der Uni. Erlangen, Erlangen, 1954, SS.191.

Siedenberg, Sven, Hier hat alles angefangen, Zur Aufstellung, München,Hitlers-Hauptstadt der Bewegung, in : Frankfurter Rundschau von 21.12. 1993, S. 7.

Schirrmacher, Frank, Die Herstellung des Adolf Hitler, in : Frankfurter Allgemeine von 08.02.1994, S. 26.

Schmitz H.Berning, Cornelia, *Vokabular des Nationalsozialismus*, Berlin, 2000.

Schoeller, Wilfried F., Die zweidimensionale Aufbahrung eines Foto-Idols, Die Bilder-symbiose Hoffman & Hitler, in : Frankfurter Rundschau von 05.03.1994, S. 2.

Strobel, Erhard, Adolf Hitler in den Schulprotokollen der Realschule, in : Jahres-bericht des Bundes-Realgymnasiums Linz, Linz, 1974/1975, S.36 - 43.

Wagner, Gottfried H., Wagner und Hitler ?, in : Frankfurter Rundschau von 20.07.1991, S. 28.

Wehler, Hans-Ulrich, *Nationalsozialismus und Historiker*, in : Schulze, Winfried /Oexle, Otto Gerhard (Hersg. von), *Deutsche Historiker im Nationalsozialismus*,4. Aufl., Frankfurt am Main, 2000. S. 320ff.

Winkler,Heinrich,*Auf Ewig in Hitlers Schatten ? Anmerkungen zur deutschen Geschichte*,München,2007.

アドルフ・ヒトラー著、平野一郎・将積茂訳『わが闘争』（上・下）第二十七版　角川文庫　一九九八年。

ヴェルナー・マーザー著、黒川剛訳『人間としてのヒトラー』（ヒトラー伝1）、『政治家としてのヒトラー』（ヒトラー伝2）　サイマル出版会　ともに一九七六年。

村瀬興雄『アドルフ・ヒトラー――「独裁者」出現の歴史的背景』第十九版　中公新書　一九九三年。

大澤武男『ヒトラーとユダヤ人』第二十三版　講談社現代新書　二〇〇六年。

大澤武男『ユダヤ人とドイツ』第二十四版講談社現代新書　二〇〇四年。

大澤武男『ローマ教皇とナチス』　文春新書　二〇〇四年。

大澤武男『ユダヤ人 最後の楽園――ワイマール共和国の光と影』　講談社現代新書　二〇〇八年。

アドルフ・ヒトラー年譜

西暦(年)	年齢(歳)	アドルフ・ヒトラーの足跡	主な出来事
一八八九	0	四月二十日、上オーストリア、イン川沿いの街ブラウナウに生まれる	
一九〇〇	11	レオンディングの小学校卒業(七月) リンツの実科学校入学(九月)	
一九〇四	15	唯一の友アウグスト・クビツェクと知り合う(十一月)	日露戦争
一九〇五	16	シュタイルの実科学校中退(九月)	
一九〇七	18	ウィーン造形美術学校の受験に失敗(九月)	愛する母クララの死(十二月)
一九〇八―一三	18―24	失意のウィーン時代	
一九一三―一四	24―25	幸せなミュンヘンでの画家生活	
一九一四―一八	25―29	戦場の勇敢な兵士	第一次大戦
一九一九	30	政治活動の開始、反ユダヤ主義書簡(九月)	ワイマール共和国
一九二一	32	ナチ党(NSDAP)の党首に(七月)	ロンドン会議
一九二三	34	ミュンヘン一揆に失敗(十一月)	仏軍ルール地方占領
一九二四	35	ランズベルクの拘置所で『わが闘争』口述筆記	ドーズ案の導入
一九二五	39	ナチ党の再建(二月)	ロカルノ条約
一九二八	42	ナチ党帝国議会へ進出(五月)	
一九三二	43	ナチ党帝国議会で第一党(二百三十議席)となる(七月)	失業者六百万人

一九三三	43	首相に就任、ナチ党内閣を組織（一月）	
		帝国議会の解散（二月）	
		「全権委任法」の成立、ヒトラー独裁の開始（三月）	
一九三五	46	ニュルンベルク法成立（九月）	
一九三六	47	ベルリン・オリンピックの開催（八月）	日独防共協定
一九三八	48	オーストリア併合（三月）	ミュンヘン会談
	49	「水晶の夜」ユダヤ人の大迫害（十一月）	
一九三九	49	帝国議会にてユダヤ人の絶滅を予言（一月）	独ソ不可侵条約
	50	ドイツ軍のポーランド侵入（九月）	第二次大戦開始
一九四〇	51	パリ占領、フランス降伏（六月）	ドゴール亡命政権
		日独伊三国同盟締結（九月）	
		対ソ電撃作戦「バルバロッサ」に署名（十二月）	
一九四一	52	ドイツ軍ソ連領に突入（六月）	太平洋戦争勃発
		アウシュヴィッツ絶滅収容所操業開始（十一月）	
一九四二	53	ヴァンゼー会議、ヨーロッパユダヤ人絶滅の組織化（一月）	
一九四四	56	ヒトラー暗殺未遂事件（七月）	連合軍ノルマンディー上陸（六月）
		最後の西部戦線アルデンヌ作戦を指揮（十二月）	
		自決を覚悟し、ベルリンの総統官邸地下壕に閉じこもる	
一九四五	56	ソ連軍、首都ベルリンを包囲（四月）	ヤルタ会談（二月）
	57	四月三十日、ヒトラー自殺	
		五月八日、ドイツ無条件降伏	

【著者】

大澤武男（おおさわ たけお）

1942年埼玉県本庄市生まれ。上智大学文学部史学科卒業。ドイツ政府給費留学生として留学し、80年ヴュルツブルク大学にて博士号取得。専攻はドイツ・ユダヤ人史、古代教会史。現在、フランクフルト日本人国際学校理事。おもな著書に、『ローマ教皇とナチス』（文春新書）、『ユダヤ人とドイツ』『ヒトラーとユダヤ人』『ユダヤ人とローマ帝国』（いずれも講談社現代新書）、『コンスタンティヌス――ユーロの夜明け』（講談社）などがある。

平凡社新書455

青年ヒトラー

発行日――2009年3月13日　初版第1刷

著者――大澤武男

発行者――下中直人

発行所――株式会社平凡社
東京都文京区白山2-29-4　〒112-0001
電話　東京(03)3818-0743［編集］
　　　東京(03)3818-0874［営業］
振替　00180-0-29639

印刷・製本―株式会社東京印書館

装幀――菊地信義

ISBN978-4-582-85455-8
NDC分類番号283.4　新書判(17.2cm)　総ページ248
平凡社ホームページ http://www.heibonsha.co.jp/